売らない売り方

川上徹也

「はじめに」の「はじめに」

本書は、2009年に刊行された『価格、品質、広告で勝負していたら、お金がいくらあっても足りませんよ』という長いタイトルの本を文庫化したものです。

当時、私にとって2冊目にあたる著書であり、数多くの書店でランキング入りするなど反響が大きかった本でした。また現在まで続く「ストーリーブランディング」という考え方を確立した本でもあります。

そうは言っても「10年前の本？　随分と古い本を文庫化したな」と思われる方がいらっしゃるかもしれません。

しかし、何年経っていようと、商売の本質は変わりません。

本の中で語った「三本の矢の法則」をはじめとする原理原則などの理屈の部分は、10年経って古びるどころか、ますます重要になってきていると断言できます。

それが証拠に、きちんと「三本の矢」を確立させていた会社やお店は、10年経っても古びることはなく、商売繁盛を続けています。

10年後にあなたの会社が商売繁盛をし続けるためには、今からでも遅くありません。ぜひ本書を参考に「ストーリーブランディング」を始めてください。

本書は単行本と同じく3幕構成になっていますが、文庫化にあたって以下のように大幅に改稿しました。

第1幕の理論篇は、内容的には単行本を踏襲しながら、言葉の使い方などを最新のものに見直し、解説もよりわかりやすく改訂しました。

第2幕の実例篇では、ストーリーを詳しく紹介している湘南地方（うち1社は現在、東京で営業）の4社の、当時の記述を残しながら、新たに取材した10年後の姿を併せてレポートします。この10年で各社がどのようにストーリーを進化させているかがわかるようにしました。

そして第3幕の実践編は全面的に書き直しました。取り上げる事例についても一から見直し、最新事例をたくさん入れ込みました。

その結果、理論的な部分は「不変のもの」を継承しつつ、用語の使い方や事例については最新のものが含まれているという、一粒で二度三度おいしい本になったと自負しています。単行本を読んだ方も、ぜひ手に取っていただければうれしいです。

文庫化に際して、タイトルを『売らない売り方』としたのにはワケがあります。全国各地でストーリーブランディングの講演をさせていただく中で、「頑張って物を売ろうとすればするほど、売れない」という状態になっている会社やお店が想像以上に多いことを、身をもって体感しているからです。

商売は、「売ろう」「売ろう」としなくても、勝手に「売れる」のが理想です。そのために役に立つのが、「物を売らずに、物語を売る」という考え方です。今、多くのお客さんが本当に欲しいのは「物」ではなく、「ストーリー」だからです。この本をきっかけに、多くの小さな会社やお店が「物を売らずに物語を売る」ことにシフトするきっかけになれば、著者としてはこの上ない喜びです。

２０１９年２月

川上　徹也

はじめに　お金をかけずに、知恵をかけよう！

あなたは何を売っていますか？それはものすごく売れていますか？

もしあなたが大企業に勤められていて、自分の会社の商品が「笑いが止まらないほど売れる」「爆発的にヒットする」というような方法を探すためにこの本を手に取ったのであれば、あまりお役に立てないかもしれません。

この本は、「このやり方をすれば商品・サービスは必ず売れる」といった、目から鱗のマーケティング戦略について書かれたものではないですから。

また、あなたが在庫をかかえている商品をすぐに売りさばきたくて、この本を手に取ったとしても、あまりお役に立てないでしょう。

この本は、「こんなセールスレターを書けば商品がどんどん売れる」「こんなPOPを置けばお客さんが思わず商品を買ってしまう」といったような、現場で売るための魔法のテクニックについて書かれたものでもないですから。

じゃあ、いったい何の本だ？
きっとあなたはそう思ったはずです。
答えを言う前に、ひとつだけ質問させてください。
そもそも、商品が「売れる」のは、どういう要素によって決まると思いますか？

価格？　品質？　広告？

確かにどれも重要な要素です。
でも、ちょっと考えてみてください。３つの要素に共通してとても必要になってくるものがありますよね。

そう、お金です。

価格競争をするにも、品質をアップさせるにも、広告を打つにも、一般的には莫大な費用がかかる。そうなると当然、体力のある大きな会社の方が有利になります。

あなたがもし、価格や品質や広告で他を圧倒できるのであれば、それらの土俵で勝負するのもいいでしょう。でも、もしそうでなかったら、そんな土俵で勝負しても勝ち目はありません。

しかも、日本の生活者は、世界一といってもいいくらい成熟しています。ちょっとくらいの低価格や高い品質では驚きません。また、広告にもかなり不感症になっています。よほどうまい仕掛けを考えなければ、なかなか乗ってきてくれません。

では、どんな商品も売れていないのでしょうか？

いやいやそんなことはありません。「物が売れない」と言われ続けている現在においても、しっかり売れ続けている商品、しっかり成長している会社、しっかり繁盛し続けているお店はたくさんあります。それらは低価格とは限りません。いやむしろ、正直に言うと「ちょっと高いな」というものも多い。また、高品質ではあるけれど、他を圧倒しているかといえば、必ずしもそうではないのです。そして、派手に広告を打っているわけでもありません。

「しっかり売れ続けている商品」「しっかり成長している会社」「しっかり繁盛し続けている店」には、「価格」「品質」「広告」以外に、必ずといっていいほど存在する要素があったのです。

実は本書は、その要素について詳しく解説し、どうやってそれを発見し、発信していけばいいかを詳しく説明したものだったのです。

ではその要素とは何でしょう？

もったいぶらずに答えを言いますね。

それは「ストーリー（物語）」です。

「何だ、ストーリーか。それならどこかで読んだり聞いたりしたことがあるよ」と思ったあなた。

確かに、「商品を売るのにはストーリー（物語）が必要だ」と書かれた本はたくさんあるかもしれません。特に最近は多くの本に「ストーリー」の大切さが書かれています。しかし、具体的にどんなストーリーが人の心を動かすのか、またどうすればそのようなストーリーを発見し、つくりあげ、発信するのかについて、わかりやすく詳しく解説してくれている本はほとんど見当たりません。10年前の２００９年当時もそうでしたが、２０１９年の今でもそうです。

そんな中、あなたの会社やお店や商品はきちんとストーリーを発信して成果を得ることができていますか？

また、ひと口でストーリーと言っても、異なる３つの階層に分けられることは、今まで誰も語っていません。この３つの階層のストーリーがうまくリンクし合い発信できると、「三本の矢」のようにちょっとやそっとでは折れない最強のストーリーが生まれます。この「三本の矢の法則」は本書で初めて提唱したものです。

ストーリーには人の感情を動かす力があります。

ほら、スポーツ選手なんかで、今まで全然知らなかったし興味もなかったのに、テレビ等で彼や彼女の苦労したエピソードを知ったことで、急に応援したい気持ちになってしまう、ってことありますよね。あれは、その選手のストーリーを受け取ったから起こる感情なのです。

あなたの商品、会社、お店に「ストーリー」があり、それをうまく発信していくことができれば、人々の感情を動かします。結果として記憶に残ることができます。記憶に残ったものは、口コミで伝わりやすくなります。結果として、商品はしっかり売れ続け、お店はしっかり繁盛し続けます。たとえ、価格、品質、広告で他を圧倒していなくても、です。

さらに、あなたが「ストーリーの黄金律」を使うことで、「人類共通のツボ」というべき感情を動かすポイントをうまく押さえることができると、共感してくれる人が現れます。その人たちはあなたの会社やお店のファンになり、勝手に応援してくれるようになるでしょう。ファンや応援してくれる人たちが増えてくると、当然メディアにも取り上げてもらえるようになります。

ここまでくると、あなたの会社やお店の価値は、かなり上がっているはずです。価格で売れるのではなく、価値で売れる存在。ある種の「ブランド」になっていると言っていいかもしれません。このように、ストーリーの持つ力を使ってブランド化していく方法を「ストーリーブランディング」と呼びます。

「ストーリーブランディング」のいいところは、「価格」「品質」「広告」で勝負するより、お金がかからないということです。

お金をかけるよりも、知恵をかける。

まさに「物が売れない時代」にもってこいの、実践的な手法なのです。

さらにもうひとつ付け加えると、ストーリーは「エンターテインメント」という要素とも相性がいい。考えてみれば当たり前です。映画、ドラマ、小説、漫画などストーリーがあるコンテンツの多くは、人の心を大きく動かすエンターテインメント作品になっています。

この「エンターテインメント」という要素も、「物が売れない時代に物を売る」ための重要な切り口になってきます。

売っている商品自身やその売り方がおもしろかったりワクワクするような楽しさがあると感情が揺さぶられ、物を買いたくなるからです。そのためには、売り手側も楽しみながら売ることが重要になります。

「ストーリー」という言葉を使うと、何か新しく創作するというイメージを持つ方も多いようですが、そうではありません。ビジネスにおける「ストーリー」は創作ではない。発見したり、育てたりするものです。「原石」を発見してそれを磨く、もしくは「種」を植えてそれを育てるのです。

うちにはそんなものないよ、という方もいるかもしれません。

大丈夫です。今まで見えていなかったとしても、視点を変えることできっと「原石」や「種」を見つけることができます。本書には、視点の変え方のヒントが数多く含まれています。

この本では、商品、会社、お店を売り続けていくときに「いかにストーリーを使えばいいか」をできるだけやさしく解説していきます。また取り上げる事例は、できるだけ小さな会社やお店のものにしました。その方がお金をかけずに知恵をかける、というイメージをよくわかっていただけると思ったからです。

また今回はあえて事例として取り上げていませんが、この「ストーリーブランディング」という手法は会社やお店を「個人」に置き換えることも可能です。特に、デザイナー、イラストレーターなどフリーランスのクリエイター、士業（弁護士、公認会計士、税理士、弁理士、中小企業診断士、社会保険労務士、行政書士、司法書士など）、各種コンサルタントの方々には、会社や店の事例を個人に置き換えてお読みいただければ幸いです。

本書は、ストーリーの構成でよく使われる3幕構成にしました。第1幕は理論篇　第2幕は実例篇　第3幕は実践篇です。

理論はどうでもいいよ、という人は、50ページの「商品に『人』がプラスされると『ストーリー』が生まれる」あたりから読んでいただいてもかまいません。

さあ、あなたも、自分の会社、お店、商品のストーリーを発見し発信することで、価値を得ましょう。

本書が、あなたの会社、商品・サービス、お店の、そしてまた、あなた自身のブランディングに役立つことを祈っています。

目次

「はじめに」の「はじめに」 3
はじめに　お金をかけずに、知恵をかけよう！ 6
第1幕　なぜ、価格、品質、広告で勝負してはいけないの？〈理論篇〉……21
1　経営者は、失業者予備軍って知っていましたか？ 22
2　売れ続けるために必要な「XとYの法則」とは？ 24
3　「満足」しただけではお客さんはリピーターにはなってくれません 29
4　本当のニーズなんてもうないのかもしれない 32

5 価格競争は結局、自分の首を絞めるだけですよ 35
6 「厳選された素材」「こだわりの製法」では何も言ってないのと同じですね 38
7 ありきたりな広告ではもう見向きもされなくなりました 41
8 時代の空気はこんなに変わっています。だからこそ…… 44
9 ビジネスやマーケティングにおける「ストーリー」って何だろう？ 48
10 商品に「人」がプラスされると「ストーリー」が生まれる 50
11 人の心にグサッと突き刺さるハリウッド式黄金律を公開します 54
12 感情が大きく揺さぶられると、人は誰かにそれを伝えたくなる 59
13 ピンチをチャンスにするのが「ストーリーの力」です 61
14 そうか、パンダがいなくてもブランド化はできるんだ！ 65
15 ストーリーが消費しつくされたあと 72
16 「三本の矢」であなたのストーリーは最強になります 75
17 崖っぷちは最大のチャンスです 81

第2幕　こんなストーリーが価値を生む〈実例篇〉……87

1　冬は毎年のように大不況！　それを乗り切る秘策とは？　90

10 years ago　かき氷屋　埜庵のストーリー（2009）

10 years after　かき氷屋　埜庵の今（2019）

2　無名の商品をブランド化！　これがあなたの生きる道　108

10 years ago　養豚農家　みやじ豚のストーリー（2009）

10 years after　養豚農家　みやじ豚の今（2019）

3　小さな町の片隅から世界を狙う！　崖っぷちから有名店へ　122
10 years ago
ビーサン専門店　げんべいのストーリー（2009）
10 years after
純国産ビーチサンダル専門店「九十九」の今（2019）
4　どこよりもカッコイイ法人に！　BtoBだからこそ差別化せよ　140
10 years ago
面白法人カヤックのストーリー（2009）
10 years after
面白法人カヤックの今（2019）
第3幕　心が動けば、商品・サービスは売れ続ける〈実践篇〉……155
1　私が「ストーリーブランディング」にたどり着いたワケ　156
2　ストーリーは「創作する」ものではなく、「発見する」ものです　160

3 「経営理念」がホコリを被っていませんか？ 163
4 「志」の生み出し方はとっても単純です 167
5 その「川上コピー」で本当にときめきますか？ 171
6 「志」にチャレンジする姿が感動を呼ぶのです 173
7 「川上コピー」で事業領域を変える 175
8 正しいオンリーワンになれば、あなたの会社は「独自化」されます 180
9 「独自化のポイント」を見つけ出す3つのアプローチはコレです 182
10 タグをつけ、ラベルを貼って、はじめて独自化は完成します 203
11 「魅力的なエピソード」で「志」が説得力を持つ 205
12 未来の「魅力的なエピソード」をつくっていくための10のヒント 209
13 語り続けましょう。変わり続けましょう 243

付録 249

第1幕
なぜ、価格、品質、広告で勝負してはいけないの？
〈理論篇〉

1 経営者は、失業者予備軍って知っていましたか？

新しく起業した会社。新しくオープンしたお店。

10年後にどれくらいの確率で生き残れるかご存知ですか？

以前公表された「中小企業白書」に書かれていたデータによれば、新しく創業した会社（個人事業主を含む）は設立して1年以内に約27％が廃業。3年後に生き残るのは約半分の52％、7年後には34％、10年後には26％という驚くべき数字が出ています。

会社が設立しやすくなった現在では、生存率はもっと下がっていることでしょう。

会社をつくったり、お店をオープンさせたりするということは、普通の人間にとっては、人生で最大の勝負をかけたものです。当然、儲かると思って起業し、繁盛すると思ってお店をオープンさせたはずです。

でも現実は10年生き延びられるのはかなりの少数派。

ちょっとショッキングな言い方にすると、もしあなたが今現在、会社の社長や、お店のオーナーであっても、10年後には4分の3の確率で失業者になっているかもしれないということです。これって衝撃的な数字ですよね。

ではどうしたらいいのでしょう？

「とにかく商品が売れればいいんだろ」と単純に考えたあなたは、ちょっと危険かもしれません。たとえ一時期爆発的に売れたとしても、次の年に売れなくなってしまったらどうでしょう？　やっぱり生き残っていけませんよね。

むしろバカ売れしてしまったことで、大がかりな設備投資なんてしていたら悲劇です。売れ続けなければ、借金だけが残ってしまうことだってあるでしょう。

そう、会社やお店が生き残るためには、一時的に売れるだけでなく、きちんと商品やサービスが売れ続けなければならないのです。

では、「売れる」と「売れ続ける」では何が違うのでしょうか？

2 売れ続けるために必要な「XとYの法則」とは？

「大ヒットした商品が、なぜ売れたのか？」を分析した書籍は、たくさん出版されています。それを読むのはおもしろいし、なるほどと思うことも多い。でも、そこから何かを学び、自分の商品に応用するという点では、あまり役に立ちません。大ヒットというのは、たいていの場合、特殊な要素が絡み合っているからです。

それを分析するのは、いわば後出しじゃんけんのようなもの。その方法をあなたがマネしても、大ヒットが生まれることはまずないでしょう。

大ヒットと呼ばれるブームは、必ずと言っていいほど一過性のものです。

ヒット商品を分析した本が、ほんの数年前のものでも随分と古くさい印象になってしまうのはそのためです。特に身の丈に合わず大ヒットしてしまったものは、ひずみを生じている場合が多い。長期にわたって生き残るという観点から見れば、大ヒットはむしろ危険だとさえ言えます。

一番わかりやすい例は芸能界です。

芸能界は一般の社会と比べて、競争や浮き沈みの激しい世界です。その中で「売れる」こと自体、かなり難しいのですが、それよりもさらに5年10年と「売れ続ける」ことは至難の業です。

たとえばお笑い芸人について考えてみてください。

ここ数年でも、一時期ものすごく売れたけど、最近あんまりテレビで見ない人たちが思い浮かびますよね（もちろんテレビで見ないだけでそれぞれの場で活躍されているとは思いますが）。

たとえば……

「貴族の格好をし、グラスで乾杯するネタで人気だった」
「ラッスンゴレライというリズムネタで人気だった」
「ダメよ～ダメダメという決めゼリフでブレイクした」

「あったかいんだからぁ♪という歌が大ヒットした」

このような、いわゆる一発屋と呼ばれる方々と、長期にわたって安定してテレビに出続けている人たちとの差はどこにあるのでしょう？

その違いをとてもわかりやすい明快な理論で説明している人がいます。

20代の頃、「紳助竜介」という漫才コンビで一世を風靡し、その後はバラエティ番組の司会などを中心としたタレントとしてテレビに出続けていた島田紳助さんです。

今は芸能界を引退してしまいましたが、彼は天才的と言ってもいいくらいのマーケッターでした。タレントとしての仕事以外にもいくつものビジネスを成功させていました。

具体的な例は島田紳助著『ご飯を大盛りにするオバチャンの店は必ず繁盛する』（幻冬舎新書）に取り上げられているので興味のある方はぜひ読んでみてください。普通のビジネス書を読むよりも、かなり参考になるアイデアが詰まっています。

そんな紳助さんが「売れること」と「売れ続けること」の違いを、一度だけ人前で語ったことがあります。それはNSC（吉本総合芸能学院）の芸人の卵たちに向けたもので、その幻とも言える講義は『紳竜の研究』というDVDに収録され、一部のビジネスパーソンの間ではかなり話題になっているのです。

そこでは「XとYの法則」とでも名付けるべき理論が展開されています。要約すると以下のような内容です。

成功する人間は、努力と才能を掛け合わせた値が大きい人間だ。才能についてはわからないが、努力は方法によって成功する確率を格段に上げられる。

しかしそのためには、「自分の戦力、自分に何ができるか（＝X）」と「時代の空気（＝Y）」を綿密に分析し準備してから戦わなければならない。そして売れるためには、XとYが重なるように仕組んでいく必要がある。しかし、大抵の芸人は、XもYもわかっていないまま悩んでいる。だから売れない。

でも時として売れてしまうことがある。やっていること（X）は変わっていないのに、Y（＝時代の空気）は絶えず変化していくので、いきなりそれが合致してしまうことがあるからだ。そしてその方が出会い頭の事故なので、インパクトが大きい。でも、大抵の場合は、偶然の事故なので、本人も自分がなぜ売れたのかわかっていない。公式がないから、根拠がない。自分のXもYもわかっていないため、Y（＝時代の空気）が移り変わると、必ず潰れてしまう。いわゆる一発屋になってしまうのだ。

長く売れ続けている人間は、自分の強み（＝X）を、必ずと言っていいほど軌道修正して時代の空気（＝Y）に合わせ続けている。だから、XとYの位置はいつも近い。なので、出会い頭の事故（大ブーム）になるようなことはない。せいぜい接触事故。でも売れ続けることができる。

「偶然売れてしまうこと」と「戦略を持って売れ続けること」の違いを、これほどわかりやすく語ったマーケッターは他にいないと思います。ぜひ、あなたもDVDをご覧になってみてください。芸能界だけの特殊な事例ではなく、広くビジネス全般に応用できる法則になっています。

3 「満足」しただけではお客さんはリピーターにはなってくれません

「売れ続ける」ためには、色々な戦略が考えられます。一昔前までは、「価格」「品質」「広告」などがその戦略を考える上で最も大きな要素でした。今でも世界の多くの国ではそうでしょう。

しかし、現在の日本が置かれている状況はかなり違ってきています。「価格」「品質」「広告」で勝負しても、よほどの違いや画期的な商品がない限り振り向いてもらえません。また、たとえ一時的に売れたとしても、売れ続けることは至難の業です。

「顧客満足（CS）」というマーケティング用語があります。これを目指して活動している企業やお店も多いでしょう。しかし現在の日本では、商品やサービスに対して「満足」するのはもう当たり前です。普通に「満足」しただけでリピーターになってもらえるでしょうか？

自分がお客さんの立場になってみればわかります。

たとえば、レストランで考えてみてください。あなたが、はじめてのお店で誰かと食事をしたとします。普通においしくて、値段も適切。その日は満足したとして、そのお店に通いつめますか？　家族旅行で泊まった温泉旅館で「よかったね」と満足したからって、次の年もその旅館にまた行くでしょうか？

何かよほど心に残るものがないと、お客さんはリピーターにはなってくれません。そうなんです。今の生活者は「満足しただけでは満足してくれない」のです。なぜなら、いくら「満足」しても、その店のことをすぐに忘れてしまうからです。

これが大企業やチェーン店であれば別です。

そこそこの「顧客満足」の体験があれば、CMや街中で見かけるので思い出してもらえるのです。

しかし、中小企業や個人店はなかなか思い出してもらえない。

あなたの商品、会社、お店が売れ続けるためには、満足の上をいく心に響く何かを提供し続けなければいけないのです。

しかし、それを「価格」「品質」で実現するのはかなり難しい。「サービス」だって限界がある。ましてや「広告」では、それをつくり出すことは至難の業。

そこで、注目されているのがストーリーなのです。

4 本当のニーズなんてもうないのかもしれない

ストーリーが注目されているのには、色々な要因があります。その中でも最も大きいのは時代背景でしょう。

日本は、1945年、第二次世界大戦で敗戦して以降、90年代前半のバブル崩壊まで、国民の多くが同じストーリーを共有していました。

まず、戦争で焼け野原になった国土を復興すること。その頃、多くの国民は、食べ物を確保し、とりあえず生き延びることが最重要課題でした。高度成長期に入った頃は、三種の神器と呼ばれたテレビ（白黒）、洗濯機、冷蔵庫などの家電製品を持つことが国民共通の目標でした。それはやがて、カラーテレビ、クーラー、自動車という新三種の神器に変化していきました。今はまだ本当に豊かではないけれど、未来には輝かしいストーリーが待っていると多くの人は信じていました。

70年代後半に入ると、国民は品質のいい商品だけでは物足りなくなってきます。人と違う何かを物語ってくれる品物、いわゆる「ブランド」を求めるようになってきたのです。それまでは機能さえちゃんとしていればよかったものが、もうそれでは飽き足らない。一億総中流と呼ばれた時代、他人と少しでも差のある物を手に入れることが、国民共通のストーリーになってきていたのです。

そして、1980年代後半に、降って湧いたような超好景気。みんな乗り遅れまいと、必死でローンを組みマンションを買いました。国民の多くが、土地や株は必ず上がり続けるという神話を信じていたからです。

そしてバブル崩壊。その後のことは、みなさんも記憶に新しいでしょう。失われた20年と言われる不景気。ITバブル。マネーゲーム。そして格差社会。サブプライムローンの破綻からリーマンショック。東日本大震災の津波とそれにともなう原発事故。その後も景気はいいと言われながら、多くの人はそれを実感することなく平成も終わりを迎えます。

このような時代の流れの中で、日本人はもう国民全体で共有できるストーリーを見つけられなくなってしまいました（唯一、それが確かめられるのは、オリンピック、ワールドカップ、WBCなどの大きなスポーツイベントです）。

日本では多くの人が、これから何を目標に、どういうストーリーで生きていったらいいかわからない時代に突入してしまったのです。

ひと昔前であれば、「今、何か欲しいものはありますか？」という質問に、多くの人はすんなり答えられたと思います。しかし、現在はどうでしょう？

今の時代、生活者には心の底から本当に欲しい商品などほとんどありません。マーケティングでは、「お客様のニーズ」などという言葉をよく使いますが、本当のニーズなんてもうないのかもしれない。

これからは、ニーズはつくり出すものです。本当のニーズのない生活者に、「あ、こういうものが欲しかったんだ」と気づいてもらわなければならない。そのためには、ストーリーがあった方が断然有利です。

心を動かされるストーリーに出会ってはじめて、生活者は自分が欲しかったものに気づくことが多いからです。

これからの商品・サービス、会社、お店には、ますます生活者の心を動かす「ストーリー」を持つことが強く求められるようになっていくでしょう。

5 価格競争は結局、自分の首を絞めるだけですよ

モノが売れない時代になると、つい「価格」を安くすることを考えがちです。特に同業他社などが値下げに踏み切ると、それに対抗してさらに安くしなければ、という思考に陥ってしまいます。

しかしそのような行為は、結局あなたの首を絞めるだけです。

考えてみてください。同業他社より値段を安くして一時的に売れたとしても、それは価格につられたお客さんによるものです。他がもっと安くすると、そちらに流れてしまうでしょう。あなたも対抗してさらに値下げしなければなりません。

そもそも値下げするには、コストダウンしなければなりません。コストダウンするには、原価を削り、人件費を抑えなければならない。そのためには、1人の人間にできるだけ多く働いてもらって、効率と合理性を高める必要がある。しかし、いきすぎ

た合理性は、働く人間に重い負担をかけます。そうなると、どこかで歪みが生じて、ありえないような事故や不祥事を招く可能性が高くなります。

また、値下げすることは、商品やサービスの価値自体も下げてしまいます。

2008年、価格が安いほど満足度が低くなるという研究結果が、カリフォルニア工科大学とスタンフォード大学の研究者によって示されました。

まずワインを時々飲む学生を被験者に集め、彼らに複数の赤ワインを飲んでもらい、その度に値段を告げて、脳の色々な場所の活性度を測定しました。

実際には5ドルと35ドル、90ドルの3種類のワインしかないにもかかわらず、5種類の値段が違うワインがあるとみせかけて試飲させました。5ドルのワインと90ドルのワインは、それぞれ本当の値段と偽の値段を伝えてそれぞれ2回飲ませたのです。すると、被験者たちは5種類とも味が違ったと答え、実際の中身に関係なく値段を高くつけたワインを飲んだときの方がおいしかったと答えたのです。また脳の測定でも、実際の中身とは関係なく値段が高いと伝えられたワインに強い喜びの反応が出ました。

この研究でわかるのは、いくら90ドルの価値を持ったワインでも、10ドルで売ると

10ドルの価値しか持たなくなり、５ドルのワインでも45ドルで売るとそれなりの価値を持つということです。

もちろん、だから不当な値段をつけてぼったくれと言っているわけではありません。そんなことをしてもいつかはバレて信用を落とすだけです。

また、今まで価格が不透明だったり、不当に高かったりした業界に、まったく新しい料金で殴り込みをかけるような場合は別です。それ自体がストーリーになっていますし、あなたは生活者から拍手で迎えられる可能性が高いです。

しかし、一般的には「価格」で勝負しても、結局は体力のある大手企業に負けるのは目に見えています。

特に、小さな会社やお店が勝負すべきは、「価格」の土俵ではなく「価値」の土俵です。他でやっていないことをすることで「価値」を生み出すのです。お客さんが、あなたの会社、お店、商品に対して「価値」を発見できれば、お客さんはそれに見合った価格を払ってくれます。

そのような「価値」を生み出すためには、それに見合った「ストーリー」が必要になってくるのです。

6 「厳選された素材」「こだわりの製法」では何も言ってないのと同じですね

現在、日本で一般的に売られている商品は、品質だけを取れば、そんなに大きな差はありません。どれもかなりの高レベルな商品です。そもそも他を圧倒するような画期的な商品は、なかなか開発できるものではないのです。

今や、多少のこだわりはほとんどの商品にあると言ってもいいでしょう。まったくこだわりのない商品を探す方が難しい。

品質や商品力で、他と差別化するのはとても難しい時代になっています。

それはもちろん、品質をおろそかにしていいという意味ではありません。できる限り素材や工程にこだわり、よりよい品質を求めるのは最低限の条件です。

ただ、あなたがこれだけこだわっているから十分差別化できているだろうと思っていても、お客さんから見たらそうでない場合が多いということです。

たとえば、飲食店や旅館などで、〝厳選された素材〟〝こだわりの製法〟〝極上の料理〟〝真心をこめたおもてなし〟〝くつろぎの空間〟などのワードをよく見かけます。発信する側にとっては、かなりの差別化ポイントのつもりで訴求しているのかもしれませんが、生活者視点で見ると、それだけではほとんど印象に残りません。

今の時代は、そのような抽象的な形容詞で表されるような売り文句ではなく、もっと具体的に頭に浮かぶような物語性がないと、お客さんの心を突き刺し、気持ちを動かすことはできないのです。

こだわるならば徹底的にやるか、見せ方を工夫しましょう。

そのこだわりや見せ方を、ライバルとは違った言葉や切り口で語りましょう。それがストーリーになります。

また、世の中に出される商品の数も、昔に比べて格段に多くなっています。生活者は自分がどれを選んでいいかわからない状態です。信頼できる人が「これがいい」と言うと、多くの人がそれになびく傾向が強まっています。

心に響くストーリーがあると、人は誰かに話して教えたくなります。「これがいい」と取り上げてもらえる確率が上がるのです。

そうなるとそのストーリーが口コミで広がりはじめます。

結果としてメディアにも取り上げられやすくなり、さらに口コミが広がっていくのです。

7 ありきたりな広告ではもう見向きもされなくなりました

広告が効かなくなったという声をよく耳にします。

しかし、一概にそうとは言えません。広告によって大きな成果をあげている企業やお店も数多くあるからです。

正確には、「広告が効かなくなった」のではなく「普通で当たり前の広告が効きにくくなった」ということだと思います。普通で当たり前の広告とは、芸のない広告、サプライズのない広告、おもしろくない広告、仕掛けのない広告、といったようなものです。

現在は、とにかく情報が多すぎます。インターネットの普及で、さらに拍車がかかっています。あなたが1時間かけてネットから得ることのできる情報は、ひょっとしたら江戸時代の町人が一生かけて得られる情報量より多いかもしれません。人間は、あまりに情報量が多すぎると、思考停止状態に陥ってしまうという習性があります。だから、よほど関心のあることでないと、スルーしてしまうのです。

ただでさえ、生活者は「広告メッセージ」に対して、常に警戒心を抱いています。広告する側の主張よりも、買った側の意見の方がはるかに信用できると思っているのです。

この本を読んでいるあなたも、食事をする店を選ぶときに、店の広告コピーよりも、食べログなどの評価の方を信頼するのではないでしょうか?

このような状況下で、あなたが普通の広告を打ったとしても、まず見向きもされません。かといって、単に「おもしろい広告」を作れば、商品が売れるかというとそれもまた違います。どのようなメディアをどう使えば効果的なのかという嗅覚のようなものも含め、広告作りには、ますます高度な仕掛けや、マーケティング&クリエイティブセンスが必要となってきているのです。

それは広告代理店の社員のような、一般的には広告のプロと思われている人間の中でも、ごく一部しか持ち合わせていない能力です。

あなたの会社に広告費が余っているのであれば、色々と試行錯誤しながら正解を見つけていくのもいいでしょう。しかし、多くの小さな会社やお店にはそんな余裕はないはずです。

だとしたら、広告よりもまず、ストーリーを考えましょう。

人の心を動かすストーリーがあれば、最小限の広告を打つだけでも、口コミで広がりやすくなります。それによって、メディアに取り上げられる可能性も大きくなります。一般的に言って、広告で語られることより、記事や番組で取り上げられる情報の方が、はるかに生活者の心を動かします。

広告らしい広告が効きにくくなった時代だからこそ、ますます「ストーリー」が必要になっているのです。

8 時代の空気はこんなに変わっています。だからこそ……

「価格」「品質」「広告」以外に、ストーリーが強く求められてきている要因がありま す。ここでは代表的なものを3つ挙げておきます。

①情報発信が容易になった

第一に挙げられるのは、インターネットの普及によって情報発信がたやすくなったということです。

インターネットが普及するまでは、小さな会社やお店が、自らのストーリーを発信することは容易なことではありませんでした。それは巨額の広告宣伝費を持っている大企業に限られていたのです。

それが、今や事態は一変しています。あなたの会社やお店がどんなに小さくても、また個人であっても、どんなに地方にいても、発信力さえあれば、大企業以上の影響力を持つことさえ可能です。

実際に、地方の小さな会社やお店が、日本中をマーケットに、また世界を相手に商売しているケースも少なくありません。今まで半径1キロしか商圏がないと思っていた地方の商店街の小さなお店が、日本中が、いや世界中がマーケットだと気づいた瞬間、大きな飛躍を遂げることがあるのです。それは単にネットで通販をするとか、そういったレベルの話ではありません。

もちろん、ただ普通に情報発信をすれば、誰もがそのような存在になれるわけではありません。そこには、人の心を動かすストーリーが必要となってきます。

情報発信が容易になったこと＝ストーリーで売れ続けるチャンス！なのです。

②リスペクトされる会社が求められている

十数年前、会社の優劣を株式の時価総額などで測って、M&Aなどで規模を拡大する会社がもてはやされていた時代がありました。六本木ヒルズにオフィスがあることがステータスになっていた頃の話です。

しかし、ここ10年で時代の空気は大きく変わりました。色々な会社で不祥事が発覚し、企業のあり方そのものが問われるようになってきたのです。

規模はたとえ小さくても、キラッと光る会社がリスペクトされ、モテる時代になってきています。人材も、そのような価値観を共有できる経営者の元で働きたいという志向が強くなっています。これは特に東日本大震災以降、顕著になってきています（もちろん全体的に見れば、まだまだ大企業や有名企業を志向する人が多いですが）。

あなたの会社には、人の心を動かす「ストーリー」がありますか？　共感してもらえるような「理念」や「志」はありますか？

いくら立派な「理念」や「志」であっても、力を持たない、手垢のついた、ありきたりな言葉で表現されていたら、共感は得られません。あなたの会社でしか表現できない1行でそれらが表現できていたら、きっとあなたの会社はリスペクトされ、「モテる会社」になるでしょう。モテる会社とは、「従業員」「お客さん・取引先」「社会・地域」の三方からモテている会社のことを言います。

③超高齢社会に突入する

日本はこれから、かつてどの国も経験したことのないような超高齢社会に突入していきます。

２０２５年には全人口の30％が65歳以上の高齢者になると見込まれています。

しかもそのときの高齢者は、倹約が美徳と思うようなかつての高齢者のイメージとは違います。旺盛な消費意欲を持った新しいシニア層です。

消費の中心がそのようなシニア層になる可能性も高いのです。当然、あなたの会社やお店も、彼らの存在を無視するわけにはいかなくなるでしょう。

一般的にシニア層は、消費経験が長く、お金を持っている場合が多いので、安物は買いたくないと思っています。かといって、その商品が持つ、スペックや特性に興味がある人は少数でしょう。彼らにとってどのようなメリットがあるかが重要なのです。それが感じられれば、他よりも少々高くても買おうと思います。

だからこそ、彼らがなるほどと思うストーリーが必要になってくるのです。

9 ビジネスやマーケティングにおける「ストーリー」って何だろう？

これまでに、さんざん「ストーリー」という言葉を使ってきました。

ここで、ビジネスやマーケティングにおける「ストーリー」とは何かということと、そのメリットについて簡単にまとめておきます。

私は、ビジネスやマーケティングにおける「ストーリー」を以下のように定義しています。


「フィクションではない、商品・お店・企業などにまつわるエピソード」


「フィクションではない」というのは「本当にあった」という意味です。

ビジネスにおけるストーリーは、小説・映画・ドラマなどのエンターテインメント系コンテンツのフィクションのストーリーとは一線を画すものです。

どこが違うのでしょう？

一番の違いはその目的です。

エンターテインメント系コンテンツでは「ストーリー」そのものを楽しむのに対して、ビジネスやマーケティング分野における「ストーリー」はあくまで目的です。ストーリーを生活者に語ることで、物を買いたくなったり、サービスを受けたくなったりしてもらうため。ストーリーを社員や取引先に語ることで、共感してもらい応援してもらうため。このような目的のために語るのです。

それ故、ビジネスやマーケティングで使われる「ストーリー」は、エンターテインメント系コンテンツのように、長かったり複雑だったりする必要はありません。むしろできるだけ短くシンプルであることが重要なのです。

そして大切なことは「フィクションではない＝本当にあった」ということ。

会社やお店が発信するストーリーが「本当でない」ことがあると、生活者の心が離れてしまうからです。

10 商品に「人」がプラスされると「ストーリー」が生まれる

ちょっと抽象的な説明が続いたので、もっと具体的な例を出して説明しましょう。

たとえばやきとり屋で考えてみます。

それぞれ以下の紹介文が載っているとして、ＡＢＣのどの店のやきとりが食べたくなるでしょう？（価格、立地、店の雰囲気は同等だとして）

A　厳選した素材でこだわりのやきとりを提供しています。
B　宮崎県でのびのび育った地鶏を使って備長炭で焼き上げました。
C　やきとり一筋30年の店主が、毎年、全国の有名地鶏を食べ比べて一番「おいしい！」と思った鶏だけを、一本一本魂をこめて焼き上げています。

多くの方は、ＣＢＡの順番ではないでしょうか？

でもそれはなぜでしょう？

まずＡとＢを比べてみましょう。

Ａに比べてＢの方が具体的なことを書いています。きちんと産地や製法が書かれているので、Ｂの方が食べたくなることはわかるでしょう。

これをもってＢは「ストーリーがある」という言い方をする人もいるかもしれません。実際に「ストーリーが大切だ」と訴える人の中には、このように商品を詳しく説明することが「ストーリー」だと考える人が多いのも事実です。

しかし、私は、Ｂは商品を詳しく説明しているだけで（もちろんＡに比べれば格段にいいのですが）、これでは「ストーリー」を発信していることにはならないと考えます。Ｃのレベルになって初めて、「ストーリーがある」と考えます。

では、ＣとＡ、Ｂの決定的な違いは何でしょう？

それは、Ａ、Ｂは商品のことしか書いていませんが、Ｃは「店主」という「人」が登場することです。

そう、「人」が登場すると自然に「ストーリー」が生まれるのです。

お客さんは、商品に対しては簡単には心を動かしませんが、「人の思い」や「人の行動」に対しては心を動かしやすいのです。

考えてみれば、エンターテインメント系コンテンツにおける「ストーリー」でも、共通しているのは「人」が主人公として登場するということですよね？

逆に言うと、いくら商品のことを細かく説明したとしても、そこに主人公になる「人」が登場しないのであれば、「ストーリー」にはなりません。

やきとり屋で考えると、「鶏を育てている人」「やきとりを提供する人」「やきとりを食べる人（＝客）」という主人公候補が考えられます。例に出したCは「やきとりを提供する人（＝店主）」が主人公でしたね。

このように、商品に主人公になる「人」がプラスされることで初めて、ストーリーが生まれるのです。

「ストーリー」があると、人は感情が動かされます。

感情が動くと、その商品を買いたくなる気持ちが高まるのです。

あなたの会社、店、商品はどうでしょう？

きちんと「ストーリー」がありますか？

そこに「人」は登場していますか？

商品の説明だけになっていませんか？

質問では、ＡＢＣのやきとり屋は別の店という設定でしたが、同じ店だったと考えてみるとどうでしょう？　現実には、Ｃのことをやっていたとしても、ＡＢのようにしか発信できてない店が多いのではないでしょうか？

かといって「全国の有名地鶏を食べ比べて」いないのに、そう書くのは絶対にダメです。

それこそが「フィクションではない（＝本当にあった）」という意味なのです。

11 人の心にグサッと突き刺さるハリウッド式黄金律を公開します

さて、この項では、さらに人の感情を大きく動かす「ストーリーの法則」を紹介しましょう。

ちょっと想像してみてください。

次の3つのリンゴのうち、あなたはどれを食べたくなりますか？

A　青森県産の甘くておいしいリンゴです。

B　弘前のリンゴ農家の佐藤さんが作ったリンゴです。まわりの葉を取らずに栽培し、果実に十分な栄養をいきわたらせています。そうすると見た目は少し悪くなりますが、断然甘くおいしくなるのです。

C　「奇跡のリンゴ」でおなじみの木村秋則さんがつくったリンゴです。木村さんは

絶対に不可能と言われていたリンゴの無農薬無肥料栽培を、8年の歳月をかけ長年の極貧生活と周囲からの孤立を乗り越えてようやく実現しました。

天の邪鬼でAなんて言う人もいるかもしれませんが、多くの人はCを選んだのではないでしょうか？　続いてBですよね。

Aよりも Bが食べたくなるのはわかるでしょう。

Aは商品説明だけ。それに比べてBのリンゴは「人」が登場するので、前項で説明した「ストーリー」の条件を十分に満たしています。Cが比較対象になければ十分に食べたくなるでしょう。しかしCの「ストーリー」には負けてしまう。

よく読んでいただければわかりますが、Cのリンゴは品質について何も語っていません。味がおいしいかどうかもわからないのです。なのに、一番食べてみたいなと思うのはC。ここでは、価格のことは触れていませんが、おそらくCのリンゴは、AやBの何倍のお金を出しても食べたいという人は多いでしょう。

でも考えてみたら不思議ですよね。

なぜCのリンゴを食べたくなるのでしょう？

「どんな味か興味がわくから」
「滅多に手に入らないから」
「食べると『食べたよ』と自慢できるから」
「木村さんの栽培法に共感するから」

など、色々な理由があるでしょう。
では、ちょっとこんなイメージをしてみてください。

「もし木村さんが何の苦労もせずにやすやすと達成できていたら……」
「もし木村さんがとにかく稼ぎたいという動機だけではじめていたら……」
「もし『完全無農薬無肥料りんご』というネーミングだったら……」

どうでしょう？　前ほど欲しくなくなってしまったのではないでしょうか？
でも商品としてはまったく同じリンゴなんです。

つまりこういうことです。

あなたは「奇跡のリンゴ」を欲しい／食べたいと思ってCを選んだと思っていますが、実は食べたかったのはリンゴではなかったのです。リンゴではなく、それにまつわる木村さんの「ストーリー」を食べたかったのです。

さらにその「ストーリー」が、「人類共通の感動のツボを押す法則」の要素を満たしていたので、おいしい／おいしくないということを超越して食べたくなったのです。

その「法則」のことを「ストーリーの黄金律」と名付けました。

1、何かが欠落しているまたは欠落させられた主人公が、
2、何としてもやり遂げようとする遠く険しい目標やゴールに向かって、
3、数多くの葛藤、障害、敵対するものを乗り越えていく

——という3要素が含まれている「ストーリー」のことを言います。

この3要素が含まれていると、人はその「物語の主人公」に強く感情移入して応援したくなる性質があります。これは日本人だけでなく世界共通のもの。だから「人類共通の感動のツボ」なのです。

「ストーリーの黄金律」は、わかりやすいハリウッド映画などのエンターテインメント作品に幅広く使われています。ビジネスやスポーツなどのドキュメンタリー番組でも、取り上げられるのはこのストーリーの黄金律の主人公になれる人物です。

そのような主人公が多くの人から共感を得て、応援してもらえるということを、制作側が知っているからです。

もしあなたの商品や会社などにこの「ストーリーの黄金律」を満たした物語があるなら、大きな支持を得られる可能性があります。

12 感情が大きく揺さぶられると、人は誰かにそれを伝えたくなる

ビジネスでストーリーを使うメリットは、人の感情を動かすことができるという点です。他にも、「興味を持ってもらえる」「記憶に残る」「オンリーワンになれる」「失敗を語ることでより深い共感を得られる」「ファンになってもらえる」「人に伝えたいと思ってもらえる」などの多くのメリットがあります。

それが「ストーリーの黄金律」に沿ったストーリーであれば、これらのメリットはさらに強くなります。

たとえば、「口コミ」で考えてみましょう。

あなたが「奇跡のリンゴ」を実際に食べたとします。リンゴがおいしくても、そう感じなかったとしても、それを人に伝えたくなるのではないでしょうか？

もちろん、Bのリンゴでも実際に食べておいしければ、口コミをするかもしれませ

ん。

ただし、人に説明するのにちょっと時間がかかりますね。「奇跡のリンゴ」のようにはすばやくは伝わらない。

では、Aのリンゴであればどうでしょう。たとえおいしく感じても、わざわざ口コミするでしょうか？　たとえ人に話したとしても、「昨日食べたリンゴがおいしくてね」「何か特別なリンゴ？」「いや普通のリンゴだけど」では、聞いた方は「ふーん」としか答えられず、広まっていきません。そこに、何のストーリーもないからです。

このように、あなたの商品、会社、お店などに「ストーリー」があると、色々なメリットを受けることができるのです。さらにそれが「ストーリーの黄金律」に沿っていると、より強い支持を受けることができる可能性が高くなります。

13 ピンチをチャンスにするのが「ストーリーの力」です

あなたやあなたの会社が何かのピンチに陥ったとします。

普通であれば落ち込むところですが、「ストーリーの黄金律」ということを考えれば、それがチャンスになる可能性があります。

たとえば、「落ちないリンゴ」というストーリーをご存知でしょうか？

1991年の台風19号によって、青森県のリンゴ農家は甚大な被害を受けました。収穫期を迎えていたリンゴはほとんどが落ちて商品にならなくなってしまったのです。

ほとんどの農家は、落ちてしまったリンゴを見つめてただ呆然とするばかりでした。苦労して育てたのにもかかわらず、この年の収入はゼロになる可能性が高いからです。

しかし、その中に1人諦めないでこのピンチを何とかできないかと考えた若手農家がいました。彼はリンゴ農家の集まりでこんなアイデアを提案しました。

少しだけでも残ったリンゴを「落ちないリンゴ」と名付けて売り出そう。

そう、大多数のリンゴは台風によって落ちましたが、ほんのわずかの割合で風速50メートルの風に耐えて落ちなかったリンゴがありました。

それを「落ちないリンゴ」と名付け、神社で祈禱した上で受験生向けの縁起物として売ってもらおうというアイデアでした。

藁にもすがる思いで、彼らはこのアイデアを実行しました。青森のリンゴ復興の一助になればと、全国のいくつかの有名神社で売ってもらえることになりました。通常よりはかなり高い値段にもかかわらず、飛ぶように売れました。

もちろん「落ちないリンゴ」というアイデアやネーミングが秀逸だったことは言うまでもありません。しかし、やはり根底に台風被害で困っている青森のリンゴ農家が、頑張って知恵を絞って売り出したという黄金律に沿ったストーリーがあったことも重要でした。だからこそ多くの人が応援しようと買ってくれたのです。

このように、どんなピンチな場面でも、視点を変えれば「ストーリー」を発見できることがあるのです。

もっとも「ストーリーの黄金律」を使う場合、注意すべきことが2つあります。

1つ目は、商品のクオリティが一定水準以上であることです。感動のツボを押すようなストーリーがあったとしても、その商品が水準以下だと、買った人はバカにされたような気になり、悪い口コミが広がります。

2つ目は、そのストーリーに絶対に嘘があってはならないということです。ビジネスやマーケティングにおけるストーリーは、そもそもが「本当にあった」ということが重要な要素ですが、この「ストーリーの黄金律」においてはなおさら重要です。いくら黄金律に沿っていても、「ストーリーの嘘」があるとわかると、評価がマイナス方向に大きくふれてしまうからです。

たとえば、少し前、耳の聞こえない作曲家が自分自身では作曲をしていなかったという事件がありました。彼や彼の音楽が支持され、頻繁にメディアに登場したのは、彼が「ストーリーの黄金律」に沿った物語の主人公だったからです。つまり、聴衆は、彼の音楽を買っていたのではなく、彼の物語を買っていたと言えます。その証拠に、彼の物語が作られたものであることを知ると怒り、彼の価値は失われました。音楽自体は変わらないというのに。

こういった「ストーリーの嘘」が世間に露呈してしまうと、信用は地に落ちてしまいます。くれぐれも気をつけましょう。

本来は商品力があるのに、それをうまくアピールできていないという理由で、埋もれてしまっている。そんな商品が持っているポテンシャルを、うまく引き出してあげるのが、ストーリーの本来の役割です。

14 そうか、パンダがいなくてもブランド化はできるんだ！

「ストーリーが必要で、メリットが大きいことはわかった。でもうちにはそんな特別な商品はないし……」なんて思ったあなた。違うんです！　特別な商品がないからこそ、ストーリーが必要になります。

ここでは、わかりやすいように動物園の話をします。

動物園をお店、そこにいる動物を、展示されている商品と考えてみてください。少子化やレジャーの多様化によって長期低落傾向にあった動物園は、まさに時代を映す鏡のような施設です。

そんな業界で、2つの特徴的な動物園を比べてみます。上野動物園と旭山動物園です。今から十数年前、２００６〜09年くらいに、北海道旭川市にある旭山動物園が大ブームになっていたことを覚えていらっしゃるでしょう。07年度には３０７万人の入場者数を記録し、上野動物園に肉薄したことが大きなニュースになりました。

上野動物園の立地は東京・上野と抜群です。目玉商品のパンダをかかえ、動物園業界では圧倒的な強さを誇っていました。一方の旭山動物園の立地は、北海道旭川市の外れ。日本最北の動物園で、お世辞にも交通の便がいいとは言えません。しかも、一年の半分近くが雪で覆われます。目玉と呼べるようなブランド商品（珍しい動物）もありません。

実際、90年代、上野動物園と旭山動物園の入場者数は10倍以上離れていました。ところが、06年あたりから旭山動物園の入場者数は上野動物園に肉薄しています。このような事態になることを、予言できた人は誰もいなかったでしょう。

ご存知の方も多いとは思いますが、当時、旭山動物園が人気を得たのは、「行動展示」という動物の展示方法にあると言われていました。

「行動展示」とは、動物本来のいきいきとした動きを見せる展示方法です。

空を飛んでいるように泳ぐペンギン。空中散歩するオランウータン。360度あらゆる角度から見られる泳ぐアザラシ。自分めがけて飛び込んでくるホッキョクグマ。

旭山動物園で人気の動物たちの大半は、どこの動物園にもいる動物です。特別な商品の力に頼らず、既存商品の見せ方を根本的に変えたことで、人気を得たのです。

――と、書くと、きっとこんな反論が出てくると思います。

旭山動物園は、多くの費用を使って施設を建て替えたから「行動展示」を実現できたのだ。普通はそんなお金ないよ、って。

確かに、旭山動物園が今のような施設になるまでにはお金がかかっています。でも最初からこんな施設があったわけではありません。

90年代前半はジリ貧の状態で当然予算も少なく、施設を改修するなど夢物語でした。市議会では不要論さえ出ていました。このままでは本当に潰れてしまうかもしれない、と危機感を抱いたスタッフが立ち上がったところから、旭山動物園のストーリーは始まります。

以下、『〈旭山動物園〉革命』（小菅正夫著、角川oneテーマ21）を参照して、その物語を要約します。

危機感を抱いたスタッフはことあるごとに集まり、勉強会を重ねた。「そもそも動物園とは何をするところなのか？」の確認からはじめたのだ。

そして、以下のような結論に達した。

「飼育係として接していると、動物の表情や行動はとてもおもしろく、その能力に驚かされることが多い。なのに、お客さんは『動物が退屈してそうでつまらない』と感想を抱くことがある。これは、従来の動物園が、動物本来が持つ魅力を伝えきれてないからではないか？」

その魅力を伝えるには、動物たちが本来持っているイキイキとした姿を見せるような方法を見つける必要があった。

しかし予算はない。できることは限られていた。

まずやったのは、飼育係が動物舎の前で、自分の担当する動物の説明をするという「ワンポイントガイド」だった。これは、飼育係が知っている動物たちの迫力や能力を伝えることで、お客さんと動物の心理的な距離感を少しでも縮めてもらおうとしたのだ。幸いそれは好評で、動物にエサをやる風景を見せる「もぐもぐタイム」などに発展していった。

続いてやったのは、動物舎の前に「手書きＰＯＰ」をつけることだ。普通の動物園ならば、プレートに印刷したものが普通だったが、予算がなかったので、手書きするしかなかったのだ。

しかしわからないもので、手書きPOPはお客さんから好評だった。書いている飼育員のキャラがわかるからだ。すぐに書き換えられることで、タイムリーな話題も提供できる。

そのような施策を重ねているうちに、「飼育係の動物に対する愛情や思いやりが伝わってくる」と評判を呼ぶようになってきた。

さらに旭山動物園は色々な試みを仕掛けていく。

「夜の動物園」「動物園のバックステージツアー」「旭山動物園ニュースの創刊」「サマースクール」「親子動物教室」「動物の登場する絵本の読み聞かせ会」などだ。

いずれも、できるだけお金をかけずに智恵を出すことで実行できるアイデアだった。

そしてこのようなことをやっているうちに一番大きな変化が生まれてきた。それは飼育係をはじめとするスタッフの意識が変わったことだ。みんなから「もっとこんなことをやりましょう」などという意見が積極的に出てくるようになった。

夜な夜なアイデアを出し合うようになり、やがて「自分たちの理想の動物園」とは何か、についての話し合いが行われるようになった。

「理想の動物園」という目標ができたことでスタッフのモチベーションはさらにあがった。「こういう施設だったら、もっと動物のイキイキした姿が伝わる」というアイデアをみんなで出し合い、スケッチにまとめた。スケッチに描かれた動物たちはイキイキ躍動していた。

数年後、旭川市の市長が代わり、公約のテーマパークの代わりに、動物園の改修費に予算をあてることが検討されることになった。市長に呼ばれた園長は、みんなで話し合った「理想の動物園」の構想を、2時間ぶっ通しで喋り続けた。心を動かされた市長は、予算をつけることを約束。そこから、スタッフたちが思い描いた理想の動物園のスケッチがひとつひとつ実現していき、人気動物園と飛躍していったのだ。

いかがでしょう。旭山動物園が人気になったのは、お金をかけて改装したからだけではないことがわかっていただけたでしょうか？

予算も施設も何もないどん底の状態から、とにかくやれることからやろうと、お金をかけずに知恵をかけました。ひとつひとつのことは小さかったかもしれませんが、それによってスタッフの意識が変わっていき理想の動物園を話し合えるようにまでなったのです。その結果「動物が本来持っているイキイキとした魅力的な姿をもっとお客さんに見てもらいたい！」というコンセプトが生み出されたのです。

このような熟成期間がなかったら、たとえ予算がついていたとしても、無駄に豪華なだけの施設ができただけで、今の旭山動物園にはならなかったことでしょう。

15 ストーリーが消費しつくされたあと

ところで、大ブームになった後、旭山動物園の入場者数がどうなっているかご存知ですか？　実は08年度から連続して入場者数が減少し、17年度には約143万人とピーク時の半分以下にまで落ち込んでいます。行動展示の手法は変わらず、むしろ進化しているにもかかわらずです。

いったいなぜ、これほど入場者数が減少したのでしょうか？

他の動物園も旭山動物園の展示方法を真似し始めたことなどが大きな要因だと言われています。身近な動物園でもイキイキした動物の姿を見られるのだから、わざわざ遠い旭山動物園に行く必要がないというわけです。

確かにそういう側面もあるでしょう。しかし、もっと大きな原因があると思います。そもそも旭山動物園が大ブームになっていたのは、「行動展示」が真の理由ではありませんでした。

前項で示したストーリーを思い起こしてください。

初めてこの物語に接した人であれば、どんな動物園だろうと興味を持ち、一度行ってみたくなったのではないでしょうか？

ジリ貧で廃園寸前の地方の動物園という欠落した主人公が、「日本一の理想の動物園」を作るという高く険しい目標に向かってさまざまな障害を乗り越えて進んでいく。まずできることから地道にやりつつ、理想をスケッチに描いていくスタッフたち。

そうです！　旭山動物園はまさに「ストーリーの黄金律」の主人公だったのです。

つまり、こういうことです。

旭山動物園がブームになったのは、「行動展示」が新しかっただけではありません。この黄金律に沿った物語があったから、人は惹きつけられたのです。メディアはこぞって「旭山動物園の奇跡の物語」を伝え、そのストーリーに共感した人たちが旭川まで押し寄せました。

入場者数が減少に転じたのは、映画化や度重なるドラマ化によって、物語が消費されすぎてしまったことが大きな要因だと思います。

通常ここまでのブームになることはまずないので、普通はそこまで考える必要はありませんが、発信する物語を消費されすぎないことにも考慮しておく必要があります。また、全国一の人気動物園になったことで欠落した主人公でなくなった。さらに実際に行くと、人が多すぎて満足に楽しめなかったというような理由もあるでしょう。実際、ブーム時には、ひとつの動物を見るのに1時間以上かかったりすることもざらだったそうです。

近頃の旭山動物園は、賑わってはいますが、ブームのときほどの人出ではありません。現在の園長は「ブームの頃よりも今の方が適正人数」とメディアで語っています。訪れた人の満足度も非常に高く、特に外国人観光客から人気だそうです。

16

「三本の矢」であなたのストーリーは最強になります

さて、ここまで読んでいただいたあなたは、気づかれたことがあると思います。そうです。ひと言で「ストーリー」と言っても、色々な階層のストーリーがあるということです。

私が提唱している「ストーリーブランディング」という手法は、ストーリーの力を使って商品・お店・会社・個人などを輝かせるという手法で、以下の３つの階層の違うストーリーを構築していくことがポイントになっています。

この階層の違う３つのストーリーを「三本の矢」と名付けました。それは以下の３つの要素です。

①志

②独自化
③エピソード

順番に見ていきましょう。

まずは1本目の矢である「志」です。

旭山動物園の例で言うと、閉園直前まで追い込まれたどん底の動物園が、「動物のイキイキした姿を見せることで日本一の動物園になる」という目標を立て、スタッフができることからやろうと決意した部分です。そこからスタッフたちは、色々な困難や障害を乗り越えて、「志」を実現していくことで、黄金律にかなうストーリーが生まれていきました。

「志」という単語、本来は「どうしても達成したい、やむにやまれぬ思い」という意味で使われる場合が多いです。

ストーリーブランディングにおいては、その会社・お店・団体がなんのために存在するのか、世の中に向けて発信する「大義」を掲げる「旗印」のことを指します。「志」は、モテる会社になるためにも重要な要素です。

一般的に世の中に向けて自社の「志」をきちんと発信している会社は、意外に少ないのが実態です。だからこそ、人々の共感を呼ぶ「志」であれば、そこに「ストーリー」が生まれてきます。本書で言うところの「志」が、一般的に使われる「経営理念」「ミッション」「行動指針」などとどう違うかは第3幕で解説します。

明確な「志」があると、まず自分や社員のモチベーションが上がります。また、目指すべき場所のイメージがはっきりするので、何か行動を起こしたり、新しい事業をはじめたりするときに、ブレがなくなります。

多くの人に共感してもらえる「志」があると、支援を受けやすくなります。また「ストーリーの黄金律の主人公」になれる可能性が高まります。なぜなら、「志」とはいまだに達成されていない高い目標なので、自然と欠落した主人公となり、高い目標に向かっていく姿を見せることができるからです。

このように、価格、品質で勝負できない小さな会社やお店にとって、「志」こそ一番の武器になります。

続いて2本目の矢が「独自化」です。

いくら「志」が立派でも、他社と同じ商品やサービスでは「言っていることは立派だけど……」と思われてしまいます。その会社ならではの、独自の手法が必要となってきます。

「独自化」のストーリーには「志」を補完する役割があります。

また、会社の特徴にもなるので、ひと言で言えることも重要です。

そうすることで、口コミで広がっていき、メディアでも取り上げられやすくなります。

旭山動物園で言うと、「行動展示」という部分です。これは他にはない旭山動物園の特徴であり、お客さんに人気を得ている最大のポイントです。

「独自化のポイント」があると、まず他と差別化しやすくなります。それがひと言で伝えられる特徴になっていると、人に勧めやすくなります。人に勧めやすいということは、口コミで広がりやすくなるという大きなメリットになるのです。

そして3本目の矢が「エピソード」です。

これは実際にあった「志を象徴的に表す具体的で魅力的なエピソード」であること

が理想的です。旭山動物園の例でいうと、「スタッフたちが理想の動物園のスケッチを描いていて、園長がそれを元に市長にプレゼンした」という部分です。

しかし、そのような「エピソード」がない場合は具体的な日々の色々な試みでも大丈夫です。旭山動物園でいうと、リニューアル前であれば「ワンポイントガイド」「もぐもぐタイム」「夜の動物園」「バックステージツアー」といったような部分です（リニューアル後にもたくさんあります）。

それもなければ、今から新たな試みを始めましょう。何年後かに起こればいいなと思う「未来のエピソード」から逆算するのもいいですね。

「エピソード」は、「志」や「独自化」のストーリーとリンクすると大きな力になり、物語が立体化して効果を発揮します。「志」や「独自化」は、いずれも抽象的な言葉になってしまうことが多いのですが、「エピソード」は具体的である必要があります。

いくら「志」や「独自化」のストーリーがよくできていても、「エピソード」が乏しいと、魅力が十分に発揮できない可能性があります。

またそれぞれの矢が同じ方向を向き、矛盾なく、お互いリンクして補完し合っていることが理想です。そうすることで「三本の矢」は、ちょっとやそっとでは折れない最強のストーリーを構築するからです。

「三本の矢」が確立されると、会社や店の軸ができ、ブレません。お客さん、従業員、地域からも「何を目指す会社で」「どんな特徴があり」「日々どのような活動をしているのか」ということがとてもわかりやすくなります。

たとえば、何か「未来のエピソード」になるようなアイデアを思いついたとしても、それが「志」「独自化」の矢と相反するものであれば、捨てる勇気も大切になります。実施しない方が長い目で見れば、良い結果をもたらす可能性が高いからです。

「三本の矢」をどのように確立していけばいいかについての詳細は、第3幕の冒頭で詳しく解説します。

17 崖っぷちは最大のチャンスです

昔に比べ物が売れないと嘆いている方も多いでしょう。崖っぷちに立たされている会社やお店もたくさんあるはずです。しかし、「ストーリーブランディング」という観点から見ると、そのようなピンチは最大のチャンスであると言えます。

人間は放っておくと楽な方に流れます。本当のピンチに立たなければ、今までのやり方を変えることはなかなかできません。前述の旭山動物園の例でもそうでした。

そして黄金律にかなう「ストーリー」をつくるためには、崖っぷちからスタートするのが一番いいのです。色々な企業のサクセスストーリーを読んだり見たりしていると、大きな飛躍をする前には必ずと言ってもいいくらい大きな挫折やどん底の時期があります。

もし、あなたの会社やお店が苦境にあるならば喜んでください。そんな中で「志」

を見つけ、従業員や家族もそれに賛同してくれ、リスタートを切ることができれば、きっと黄金律にかなうストーリーになっていくはずです。

また「志」に向かって突き進み、すぐれた「独自化のポイント」を発見し、日々の「魅力的なエピソード」を積み重ねていけば、前に述べた「共感を呼ぶ」「ファンができる」「従業員が応援してくれる」という外的なメリット以外にも、驚くような効果が生まれる場合があります。

それはフロー現象です。

「フロー」とは、社会心理学者ミハイ・チクセントミハイが提唱した概念です。詳しくは彼の著書『フロー体験 喜びの現象学』(世界思想社)などを読んでいただくとして。ごくごく簡単に言うと、「何かに集中して完全にのめり込むことで、そのこと自体に強い喜びを感じてしまう」という現象や精神状態を言います。

あなたにもきっと経験があるはずです。趣味や興味のあることに熱中していると、時間を忘れて没頭してしまった経験が。

高い「志」に向かって突き進み、他と違った商品やサービスを生み出し、日々新しいアイデアを考えていると、仕事でもそんな「フロー状態」になることがあるのです。そして、それらのストーリーがちゃんと従業員にも共有されていれば、会社やお店全体がフロー状態になっていき、今までの状態では考えられなかったほどのスピードで大きく変化していくことがあります。

旭山動物園の例でもそうでした。

動物舎の前で説明する「ワンポイントガイド」も、最初は飼育係の多数から大きな抵抗があったと言います。しかし、「お客さんに動物たちが本来持っているイキイキとした姿を見せたい！」という志があったからこそ、飼育係を説得でき、最終的には彼らの方から積極的にアイデアが出てくるようになったのです。また、予算がつくアテもまったくないのに、理想の動物園を考えてスケッチまで描くようなことは、明らかに当時のスタッフたちはフロー状態になっていたと思われます。

あなたの現在の状況で、どんなものであれ「志」を発見してストーリーをつくっていく、と決意すれば、旭山動物園のような奇跡が起きるかもしれないのです。

第1幕のまとめ

□せっかく起業しても、10年で7割以上の会社やお店がなくなる
↓売れ続けることが何よりも大切

□「売れ続ける」は、「すごく売れた」よりも難しい

□売れ続けるためにはストーリーが必要
- 時代背景がストーリーを求めている
- 「価格」「品質」「広告」で勝負できなくなったから
- 情報発信、求められる会社像、人口構成の変化、などの要因

□ビジネスにおけるストーリーとは〝本当にあったエピソード〟

□ストーリーには、「人の感情を動かす」「興味を持ってもらえる」「記憶に残る」「オンリーワンになれる」「失敗を語ることでより深い共感を得られる」「ファンになってもらえる」「人に伝えたいと思ってもら

える」など、さまざまなメリットがある

□黄金律にかなったストーリーは人の心を突き刺す

□ストーリーには階層の違う「三本の矢」がある

- ●「志」
- ●「独自化」
- ●「エピソード」

□崖っぷちは最大のチャンス

□ストーリーは、フロー現象を起こすことも

第2幕
こんなストーリーが価値を生む
〈実例篇〉

さて、第2幕では、ストーリーをうまく使っているお店や会社の実例を紹介していきます。

ここでは、筆者自身がよく利用していたり、体験したことがあったりする湘南のお店や会社を例に挙げて紹介することにしました。

いずれも商品・サービスにこだわりがあり、特別な存在のように見えます。しかし、よく分析してみると、決して「商品力」「サービス力」が飛び抜けているわけではありません（そこを強調しすぎると失礼にあたるので、個別の商品ではこれ以上語りませんが）。

そしていずれの商品・サービスも、価格では勝負していません。一般的にはむしろ高いぐらいです。また広告もほとんど打っていません。利用する人が勝手に口コミしてくれるからです。またファンが多いことも特徴です。

これらの会社やお店は、決して特殊な例ではありません。あなたの会社やお店に応用できるところが数多くあるはずです。うちとは関係ないという風にとらえずに、ヒントを探すつもりで読んでいただければ幸いです。

尚、「はじめに」にも書きましたが、メインの記事は、単行本が出版された

2009年時点のものを、あえてそのまま残してあります。そして10年後にあたる19年冒頭において、各社がどのように進化したかについて追記しました。

それぞれ10年でどのように進化したか、という視点で読んでもらっても興味深いと思います。

1 冬は毎年のように大不況！それを乗り切る秘策とは？

10 years ago

かき氷屋　埜庵のストーリー（2009）

一年を通してかき氷で勝負する日本唯一の専門店。「冬」は普通で考えると需要がまったくないかき氷。いわば、毎年のように大不況が訪れるようなもの。

なぜそんな季節にも営業するのか？

効率だけを考えるととても無駄なようにも思われる。

しかし「冬の季節こそ、店の実力が試される大切な時期」と店主の石附浩太郎さんは強調する。事実、埜庵《のあん》は真冬でもかき氷を食べにお客さんが大勢やってくる。そして夏以外の季節の活動こそが、この店が売れ続けている理由のひとつになっているのだ。

100年に一度と言われる大不況の今だからこそ、埜庵のストーリーは、あらゆる業種で参考になると思う。

かき氷といえば夏の風物詩。古くは平安時代に貴族の間で食された贅沢品でした。しかし、一般的には、子供の頃は食べたことがあっても、大人になると食べる機会もそんなにないでしょう。せいぜい、縁日や海の家などで売っているのをテイクアウトする、というイメージではないでしょうか？　甘味処などで食べられる店もありますが、ほとんどは夏限定のメニューです。

ところが、小田急鵠沼《くげぬま》海岸駅から徒歩2～3分。駅前の商店街から少し離れた住宅地に、通年営業ではおそらく日本唯一であろう、かき氷専門店「埜庵」があります。

鵠沼海岸と言えば、江の島に近い湘南のサーフシティーとして有名です。しかし、埜庵は駅から海へ向かうルートとは正反対で、店の前を観光客が通るようなことはまずありません。それどころか、商店街から少し離れているので、地元民でも近くに住んでいる人を除けば、普通は前を通らないような場所です。クルマもほとんど通りません。

ところがこんな場所にあるにもかかわらず、埜庵の名前は、かき氷が好きな人ならば誰もが知っているくらい日本全国に知れわたっています。

実際、この店を訪れる人の9割以上が、埜庵に来ることを目的としたお客さんです。神奈川県内は言うに及ばず、電車で1時間以上かけてやってくる東京からの常連客もたくさんいます。また、日本全国からわざわざ食べにやってくるお客さんも後を絶ちません。最初からかき氷が好きな人ばかりではなく、この店と出会ったことで、かき氷に目覚めた人も多いのです。

埜庵のかき氷の平均価格は800円。かき氷の値段としては決して安いとは言えないこの金額に、遠くから交通費をかけてまで、なぜ多くの人が集まってくるのでしょうか？

埜庵のかき氷のウリは、天然氷を使用しているということと、季節ごとにメニューが変わる果実を使ったこだわりのシロップです。

確かに、天然氷は、通常の氷に比べて温度が高くできるので、頭にキーンとくる冷たさがありません。かき氷のメニューは、定番の「天然いちご」や「抹茶」に加え、季節メニューの「天然すいか」「天然白桃」「天然メロン」「生グレープフルーツ」「天然りんご」「鬼柚子」「ゴールデンオレンジ」など。どれも果物そのものが持つ味をうまく引き出し、氷とよく合う上品な味です。一度食べたら、今までのかき氷の概念を変えるくらいの逸品ではあります。

しかし、埜庵がここまで多くのファンに支持されているのは、決してその味だけではないのです。

かき氷は、天候や気温によって景気が大きく左右されます。特に冬はほとんど需要がないと言ってもいいでしょう。埜庵は、いわば毎年のように大不況を経験しているのです。

確かに夏は数多くの人が店を訪れ、行列ができます。しかし埜庵が本当にすごいのは、真冬でもかき氷で勝負しているところです。そして多くのファンが訪れます。常連客は冬にかき氷を食べるのをむしろ楽しんでいます。大不況の季節でも、埜庵は着実に売れ続けています。

そしてそこに、埜庵が売れ続けている理由があります。

いったいどんなストーリーがあるのでしょうか？

店主の石附浩太郎さんは、元音響機器メーカーの営業マン。15年以上サラリーマンを続けていた石附さんに、大きな転機が訪れたのは、秩父にある阿左美冷蔵のかき氷に出会ったときのことです。

阿左美冷蔵は、明治23（1890）年創業の日本で何カ所かしか残っていない天然氷の製造販売をしている蔵元。店頭で一般客相手にかき氷を提供していて知る人ぞ知る存在でした。

味も抜群によかったけど、何よりもご主人の哲学と天然氷に魅了されたという石附さんは、それ以降、阿左美冷蔵の氷作りを手伝うようになりました。

ひと言で「氷づくり」と言いましたが、天然氷をつくるのは、想像を絶する過酷で忍耐がいる肉体労働です。

天然氷は、山の中からわき出る沢水を、プールのような貯水池にため、ゆっくり自然の気温で時間をかけて完全に凍らせて、それを切り出したものです。完全凍結するまでの準備に1カ月以上の日数がかかります。凍るまでの間は毎日、まだ真っ暗な早朝から夕方まで、ひたすら表面に積もった枯れ葉を取り除き清掃するという作業が続きます。場所は秩父の山奥。凍てつくような寒さです。また、雨や雪が降ってしまうと、作業が振り出しに戻ることもあります。雪の日は徹夜で貯水池を見張り掃除を続けなければいけません。氷に張りつく雪はとてもやっかいです。あくまで食品なので、衛生管理した水でないと使えません。

毎年12月から翌年2月にかけてこのような作業が果てしなく続きます。そうして切り出された天然氷は、夏まで氷室の中で保存されます。たった1杯のかき氷にも、職人たちによる想像を超えたストーリーがあるのです。

そのような過酷な作業を手伝ううちに、石附さんは、この天然氷のすばらしさを世の中にもっと広めたいという思いを抱くようになりました。秩父まで行かなくてももっと身近で天然氷のかき氷が食べられるようにできないか、と考えました。そして自らかき氷屋を開店しようと決心します。

もちろん、天然氷というストーリーに満ちた素材でかき氷を提供したら、メディアも取り上げてくれ、商売繁盛するだろうという、ビジネスマンとしての目算がありました。

しかし、会社の同僚や上司などからは、ことごとく理解不能だと思われます。仮に会社を辞めて独立するにしても「かき氷屋はないだろう」という感じです。実際、その頃の石附さんにしても、冬にかき氷が商売になるという確信は持っていなかったと言います。

会社を辞め1年近くの飲食店での現場修業を経て、2003年、埜庵は、「天然氷の素晴らしさを世の中に伝道する」という「志」のもと、鎌倉小町通りのフードコートの屋台で、テイクアウト専門のかき氷店としてオープンしました。

とにかく今まで世の中になかった「かき氷市場」をつくるということが第一の課題でした。そのために、石附さんは通年営業にこだわりました。

小町通りは鎌倉で一番の観光ストリート。お客さんはほとんどが観光客。季節により観光客の数は違いますが、一年中賑わっています。阿左美冷蔵ののぼりを出し、天然氷をアピールしたため、もの珍しさで食べてくれる人もかなりいます。

それでも冬の雨の日などは、ほとんどお客さんは来ません。テイクアウトなので屋根もありません。そんな日でも営業しました。その頃、一番欲しかったのは屋根だったと言います。

小さな屋台での営業でしたが、石附さんの狙いは当たりました。天然氷のかき氷を身近に食べられる店として、雑誌などのメディアに取り上げられ、2年目の夏にはお客さんがどっと押し寄せるようになりました。しかし、石附さんはそれでは満足しませんでした。観光客相手のビジネスではなく、ちゃんとかき氷を食べに来る目的で来てもらえるような店をつくりたいと思ったのです。

鎌倉の屋台をたたみ、05年5月、現在の場所に、一般の住宅を改装したスタイルで開業しました。

埜庵の営業スタイルは、オンシーズンの夏と、オフシーズンの冬とでは大きく異なります。

冬は、石附さんが天然氷作りの作業を手伝いに行くので、不定休になります。それでも完全に休みにすることはしません。冬には利益は出ませんし、店を開けるのは一見効率が悪いように思えます。しかし、石附さんの考えは違います。

「効率がいいということは無駄がないということ。でも無駄がないということは、伸びしろがないとも言えます。無駄を無駄じゃないように変えていくところに、伸びしろが出てくる。冬に来てくれるお客さんを増やすということは、そんな可能性を大きくすることに繫がるんです」

冬の季節、石附さんの接客スタイルは独特です。来てくれたお客さんにとことん感謝し、じっくりと話し込みます。常連客や新規のお客さんの区別はありません。平日の空いているときなどは、お客さんと1時間話し込むこともざらです。今年の氷の状況がどうであるとか、こんないい果物が手に入ったとか、話す内容はかき氷にまつわるストーリーです。またお客さんの身体を気づかって、熱い飲み物をサービスしたりもします。お客さんは、そんな気づかいや会話の中から、埜庵の「志」を感じ取り、自然とファンになっていきます。

また、この時期に来てくれたお客さんだけにメンバーズカードを配ります。メンバーズカードを持っていることが、不定期に開かれる「夜埜庵」への参加条件になるという風に、コミュニティづくりを大切に考えています。

夏は行列ができるほどに忙しくなるので、そのような接客は不可能です。現在のビジネスで一番強調される〝選択と集中〟という概念からすると、夏だけ営業する方が効率的かもしれません。でもそれでは本当のお客さんを見分けられないと言います。

「夏にかき氷が売れるのはある意味当たり前。暑ければ、どんなかき氷だっておいしいに決まっています。でも、そのお客さんは、埜庵に来たくて来てくれているのか、ただ暑いからかき氷を食べに来たのかわからない。もちろん夏のお客さんも大切だけど、それ以外の季節のお客さんは、100％うちを目指して来てくれるわけだから、特別大切にしなきゃいけないんです」

冬にやってきてくれるようなお客さんは、不思議なことに夏の行列ができているようなときには、遠慮して来ないことが多いと言います。しかし、天候が悪かったりして、お客さんが来てないだろうなというときを狙って来てくれるのです。

そんなお客さんが増えることによって、埜庵は今まで世の中になかった「通年のかき氷市場」をつくりあげ、オンリーワンの存在として輝いています。

「かき氷屋なんてやって馬鹿だよね、って言われるかもしれないけど、日本中で自分しかいないのだから、自分にしかわからないこともいっぱいあるという自負はあります。かき氷屋という視点で見ると、この不況は、今までのビジネスモデルがもう役に立たないからこういう現象が起きているのだと思う。もともとうちは、お手本がない職業なので、見えない道を探りながら歩いてきた。それ自体が結構冒険。何もないところから起業して生活していくことって、会社員のときに想像していた以上に難しいこと。だからこそ毎日考え続け、何としてもこの店を潰さないで生き残る方法を探っている。その結果が、今の接客に繋がっているのです。大変だけど、楽しい。生きていくことの難しさを実感しながら毎日を過ごしています。この6年間で、単に職業だからだとか、生活のためだからではなく、生きていく時間は全部かき氷という覚悟ができました」

そう話す石附さんの言葉には、どんなことがあっても「かき氷屋として生きぬいていく」という熱い「志」が感じられました。

今、埜庵は新たな問題に直面しています。地球温暖化の影響で天然氷が今のままで生産できるかという岐路に立たされているのです。

現在、日本で天然氷を生産しているのは、秩父、日光、軽井沢の3カ所だけ。ここ数年は、毎年のように今年は採れないのではないか、採れても自分の店には回ってこないのではないか、という危機に瀕しています。いつまでも「天然氷」に頼っていたのでは、事業を継続できるかどうかはわかりません。埜庵に天然氷以外の価値を見出してもらわなければなりません。埜庵は開業当初の「天然氷の伝道」から、新たな「志」に向かってスタートを切ろうとしています。

その行く手には、さまざまな障害が待ち受けているでしょう。なにしろかき氷は、季節や天候によって大きな影響を受けるだけでなく、通販もデリバリーもできない特殊な商品ですから。

第1幕で述べた「ストーリーの黄金律」にまさにかなっていますね。

このようなストーリーを持っている「埜庵」だからこそ、たとえ天然氷が扱えない状況になったとしても、多くのファンから熱い支持を受け続けることでしょう。

埜庵の三本の矢（2009）

◎志

開業当初「天然氷を世の中に伝道する」↓「かき氷屋として生きていく」

◎独自化

日本唯一の通年のかき氷専門店／キーンとしない天然氷／季節で変わる天然果汁のこだわりのシロップ

◎エピソード

独自の接客／冬のお客さんだけに配られるメンバーズカード／夜埜庵などのコミュニティ／西洋銀座で修業したシェフによる洋食

10 years after

かき氷屋　埜庵の今（2019）

あれから10年。埜庵はいまでも鵠沼海岸の同じ場所で営業しています。

10年前と大きく環境が変わったのは、その間、何度か「かき氷ブーム」という現象が起こったこと。その結果、冬でも営業するかき氷専門店も、東京都内をはじめ全国にものすごい勢いで増えました。

さまざまなかき氷専門店が生まれ、ブームになり、消えてしまった店もあります。

埜庵が開業当時1杯800円でちょっと高いと言われていたかき氷の値段も、専門店では1000円オーバーが当たり前になっています。

かき氷ブームの最初の火付け役になったのは、間違いなく埜庵であり、石附さんでした。石附さんが、ブームになる前から「かき氷の市場をつくる」ということを意識したことが実を結んだのです。

2011年、石附さんは、『かき氷専門店・埜庵 お家でいただく、ごちそうかき氷』（KADOKAWAメディアファクトリー）というシロップのレシピ本を出版します。

普通であれば門外不出であるようなレシピを、惜しげもなく公開しました。自宅でも手軽においしいかき氷を食べてもらうことで、「かき氷文化」を広げたいと思ったからです。販売して8年。海外でも翻訳され、夏には必ず増刷がかかるという異例のロングセラーになっています。

その翌々年、大手飲料メーカーのサントリーとのコラボレーションも始まりました。石附さんは、夏場に実施されたサントリー天然水のプレゼントキャンペーンの商品となる「かき氷サーバー」の監修をしています。これもレシピ本を出したのと同じ趣旨で、かき氷文化のすそ野を広げるためです。

また、「自分もかき氷屋をやりたい」と店を訪ねてくる若者にも、惜しげもなく企業秘密を教えました。

その結果、最初のかき氷ブームが起こり、東京都内に専門店が増えていきました。当時開業した店はすべて（直接的か間接的かの違いはあっても）埜庵にインスパイアされたと言っても過言ではないでしょう。

13年には、『なぜ、真冬のかき氷屋に行列ができるのか？』（日本実業出版社）というビジネス書を出版しました。石附さんが開業から当時まで、どのような試行錯誤を経てかき氷市場をつくったかというストーリーが詳しく書かれています。

デパートの催事にも出店するようになりました。現在の店では、1日500杯が限界で、夏場には食べたくても食べられないお客さんの方が多くなるのが主な理由です。今店と同じ状態で食べられる厨房をつくってもらうという条件で出店しています。今まで、さいか屋、横浜髙島屋、横浜そごう、新宿髙島屋などに出店し1日1000人以上のお客さんが押し寄せます。

アメリカ最高峰の料理学校カリナリー・インスティテュート・オブ・アメリカ(CIA)カリフォルニア分校でのイベントにアジア代表として招かれ、多くの一流シェフや外食関係者の前でかき氷を削り、講演もしました。「ビューティフル」「アメイジング」などと絶賛される中で、石附さんは改めて「かき氷」が日本文化であり、和食の一メニューであることを実感したそうです。世界中に数多くある氷菓の中で、シンプルに氷を削ってシロップをかけるのはかき氷だけ。これは日本独自のものだと気づいたのです。

最近は、かき氷について語ることを求められることも増えました。映画やテレビ番組のかき氷シーンなどでの監修の仕事も入ってきます。

そのような店以外での仕事を通して、石附さんのかき氷に対するスタンスも変化しています。

「かき氷を作る仕事から、かき氷そのものが仕事になっている」というのです。

現在、石附さんは「かき氷文化史研究家」という肩書も持っています。

「かき氷」の歴史について研究している人がおらず、資料も少ないことから、自分で調べて研究するようになりました。

そのように、ここ10年で激変した埜庵ですが、店でかき氷を食べると、相変わらずおいしい。まさに「安定のおいしさ」です。しかし、その「安定のおいしさ」は、日々の進化がなければ実現できないでしょう。

埜庵は、ブームに踊らされず、根本は変わらずに、変わり続けているのです。

埜庵の三本の矢（2019）

◎志
お客さんから求められる限りかき氷屋であり続ける

◎独自化
「埜庵」というブランド
「かき氷」自体が仕事の店主

◎エピソード
レシピ本・ビジネス書の出版／サントリーとコラボ／デパートの催事／
アメリカでの講演／かき氷文化史研究

2 無名の商品をブランド化！ これがあなたの生きる道

10 years ago

養豚農家　みやじ豚のストーリー（2009）

色々なブランドが知られている牛肉に比べ、豚肉の産地を気にする人はまだまだ少数派だろう。しかも、生産農家や個人の名前が付けられている豚肉は数えるほどしかない。農協を通じて一般流通に乗せると、畜産物の価格は味には関係なく規格によって決まってしまう。もちろん個々のブランド名は表示できない。

そんな流通システムに新しいストーリーで挑んでいるのが、神奈川県藤沢市の養豚農家・みやじ豚だ。一般の豚としてではなく、「みやじ豚」ブランドとして独自の流通システムを構築しようとしている。

代表の宮治勇輔さんは、豚をブランド化するにあたって、「バーベキュー」という手段を通じて、自らのストーリーを発信し続けた。そのことにより、応援してくれる人が増え、新しい流通ルートを開拓し続けている。まさに「ストーリーの黄金律」をうまく使っていると言える。

この手法は、畜産や農業に限らない、みやじ豚のストーリーを色々な業種で応用していただきたい。

神奈川県藤沢市の北の外れ。のどかな田園風景が広がる慶応大学湘南藤沢キャンパス近くの果樹園。大きなビニールハウスの中で、みやじ豚のバーベキューが開催されていました。参加者約100人。多くは東京のビジネスパーソン。中には関西から視察に訪れた同業者やレストランのオーナーシェフもいます。

みやじ豚代表の宮治勇輔さんによるこの会の趣旨や食べ物の説明が終わると、網で豚が焼かれ始めました。すぐにいい匂いが漂ってきます。みんな焼き上がるのを待って、行列をつくります。

味がしっかりわかるように、少し厚めにスライスされた豚は、塩と胡椒だけで味付けされています。それがみやじ豚の一番おいしい食べ方なのです。臭みがなく柔らかくジューシー。みやじ豚の最大の特徴は「脂」です。融点が低く口の中でさらっと溶け、クリーミーだけど焼き上がると、香ばしい独特の風味があります。

そのままの豚を堪能したあとは、ご飯にその豚をのせ、究極の豚丼として楽しめます。この日は特別にみやじ豚を使った餃子や、愛媛のみかん農家が育てたデコマルという新しい柑橘類も振る舞われました。お腹がいっぱいになったあとは、各自、名刺交換などをして交流を深めます。

この集まりこそが、みやじ豚をブランド化した「バーベキューマーケティング」という手法なのです。

宮治さんは、2006年、父親が営んでいた養豚業を株式会社化して引き継ぎました。それまで「名もなき豚」だった豚を「みやじ豚」としてブランド化し、売るための仕組みを構築したことで、今、大きな注目を浴びています。

大学を卒業し、人材派遣会社に就職した頃の宮治さんは、親の養豚業を継ぐ気はまったくありませんでした。しかし、起業への思いは強く、毎朝早起きして出社前に必ず本を読み勉強していました。そんな中でたまたま農業の本も読んでいくうちに、色々な問題点を発見し、憤りに似た感情を抱くようになりました。

今の日本の農業システムでは、農家は自分が生産した商品を納品したら終わり。価格は規格と相場だけで決められ、利幅は薄い。その後、どういう流通経路をたどって誰に食べられているかもわかりません。

宮治さんは、学生時代に友だちを呼んで自宅でバーベキューをやったときのことを思い出しました。彼らは口々に「こんなうまい豚を食べたのははじめてだ」と言ってくれました。

「うちの豚はそんなにうまいんだ」と喜んだのも束の間、「どこで売っているの?」との質問に、彼の父親でさえ答えられなかったことにショックを受けました。自分が生産している豚でさえ、どこで売られ、誰に食べられるのか、流通の仕組みがまったくわかっていませんでした。

宮治さんの父親は、独自の「腹飼い」という飼育法で豚を育てていました。

これは同じ母豚から生まれた兄弟だけを一緒に育てる方法で、余分なスペースを多く取った、一見非効率な飼育法です。しかし、そのお蔭で、豚が不要な争いをしなくなり、ストレスが減るので、臭みがなくおいしい肉質になるのだそうです。

それほど手間をかけているのに、一律の規格で値段が決められ、どこに流通し、誰に食べられるかさえもわかっていませんでした。

こんなシステムでは、農家なんて誰も継ごうと思わない。宮治さんは「自分が、後継者がやりたがらない現在の農業の仕組みを抜本的に改革してやろう」と思い立ちました。養豚業や農業を「きつい、汚い、かっこ悪い、臭い、稼げない、結婚できない」の6K産業から、新しい3K産業「かっこよくて、感動があって、稼げる」に変革しようと「志」を立てたのです。

2005年、会社を辞めた宮治勇輔さんは、同じ時期に外食産業の会社員を辞めた弟・宮治大輔さんとともに、新しい養豚業に向けてスタートを切りました。兄の勇輔さんがみやじ豚のプロデュースに専念。弟・大輔さんが養豚業を引き継ぐという役割分担が決まりました。

しかし、「生産からお客さんの口に入るまでプロデュースする」という強い理念はあるものの、流通の壁は厚く、どこから手をつけていいかわからない状態でした。

「みやじ豚」というネーミングは考え出したものの、ラベルを貼って出荷してくれるところは見つかりません。普通に卸してしまえば、他の豚と同じ扱いで産地しかラベリングされません。

そんなとき、宮治さんが思いついたのが、バーベキューという方法でした。学生時代、友だちに好評だったバーベキュー。お客さんの口に直接入るのを見ることができるし、感想もダイレクトに聞ける。また価格も自分で決められる。気に入ってもらえば、きっと評判は口コミで広がっていくはず。何よりも、生活者と生産者が顔の見える関係になれることにメリットを感じました。そして自宅近くの観光農園を借りて「みやじ豚バーベキュー」を定期開催することに決めました。

宮治さんは、バーベキューを開催する旨のメールを、大学時代の友人知人、会社の元同僚など950人に送りました。そこには、養豚業を始めることになった思いや、日本の農業を変えていくという「志」や「理念」のストーリーが、熱く書き記されていました。

バーベキューには大勢の人が集まり、大成功に終わりました。宮治さんの養豚業や農業改革にかける熱い「志」に心を打たれた人々が数多くつめかけてくれたのです。

食べに来た人は、口々においしいと言ってくれ、職場や家庭で口コミを広げてくれました。もちろん提供される豚もおいしいのですが、普段は朝から晩まで忙しく働いているビジネスパーソンが、週末、田舎でバーベキューを食べながらワイワイやるというイベント性がウケたことも事実でしょう。

このバーベキューは、今でも毎月開催され、コンスタントに100人程度のお客さんが集まります。交通の不便な場所にもかかわらず、やってくる人は、ここでみやじ豚を食べるのを楽しみにしています。最近では企業の貸し切りや、遠方での出張バーベキューの依頼も増えてきました。宮治さんが「バーベキューマーケティング」と名付けている、このイベントの継続が、みやじ豚の名前を有名にし、ブランディングを成功させました。

06年、「株式会社みやじ豚」を設立。宮治さんは代表取締役に就任しました。バーベキューを続けていくうちに、みやじ豚の評判は東京のビジネスパーソンの間でどんどん広がっていきました。みやじ豚を扱いたいというレストランも徐々に増えていきました。

株式会社化した初年度である07年度の売上約4000万円のうち、みやじ豚ブランドとしての売上は約600万円。それに比べ、08年度は売上6800万円に対し、2200万円がみやじ豚の売上でした。みやじ豚の売上比率は急上昇しています。現在では直販比率が5割近くになっているそうです。

内訳は、湘南地区や東京などのレストランが9割、インターネットでの直販が1割。普通の養豚農家に比べ利益率が飛び抜けて高いのが特徴です。

「生産からお客さんの口に入るまでをプロデュースする」という理念は、かなり達せられたと言えるでしょう。

やがて宮治さんの予想を上回る展開が待ち受けていました。評判を聞きつけたメディアからの取材や、地方からの講演の依頼などがどんどん舞い込んでくるようになってきたのです。

今や宮治さんは、みやじ豚の代表にとどまらず、「農業プロデューサー」として自らの「志」である、〝農家を3K産業「かっこよくて、感動があって、稼げる」に変革する〟ために、色々な活動をするようになり、日本全国を飛び回る毎日です。

そんな中で、今、宮治さんが力を入れているのが、自らが代表を務める「農家のこせがれネットワーク」です。

実家の農家を継ぎたいけれど勇気が出ない二代目たちを支援するのが目的です。「日本の農業を活性化させるには、東京にいる農家の子供が実家に戻って農業を継ぐのが一番」という宮治さんの自らの体験による持論から生まれました。

「農業従事者の平均年齢は64・2歳で、4割以上の方が70歳以上です。後継者はおらず、このままだと日本の農業は崩壊してしまうことでしょう。日本の農業を最短最速で改革する道は1つ。それは、農家のこせがれが、実家に戻って農業を継ぐこと。実家を飛び出し社会人になり、企業等で色々なビジネス経験を積んだ農家の息子たちであれば、農業に新風を巻き起こす可能性がある。実家であれば、当初は収入がなくても、家賃光熱費は無料なのでなんとか暮らすのは暮らせるから。地域の人たちとも顔見知りで、技術指導は親父がやってくれるという立場の農家の子供は、次世代の農業の担い手としては最適と言えます」

09年3月に開催された「農家のこせがれネットワーク」の設立準備会には、200人以上の出席者と30社近いメディアが集まり、大盛況でした。近い将来、ここから日本の農業を変える逸材が生まれてくることでしょう。

宮治さんが会社を辞め、養豚業を始めてからまだ4年です。4年前に、こんなサクセスストーリーが用意されていると誰が思ったことでしょう。

会社を辞めて収入も激減し、6Kの職場に飛び込んだ宮治さんは、まさに黄金律の「欠落した主人公」でした。そんな主人公が、日本の農業を変革するという大きな「志」を掲げ、その目標に近づこうとしていることが「志のストーリー」を生み出し、多くの人の共感を呼びました。

そして、「みやじ豚」というネーミングでブランド化したこと。またそのおいしさをわかってもらうために、バーベキューを開催して直接生活者に食べてもらうという方法は、ありそうで今までにない画期的な「ブランド化のストーリー」になりました。

また、飼育法、餌、品種等、なぜおいしいのかを繰り返し伝える「エピソードのストーリー」も豊富です。

これら3つのストーリーがうまくリンクし合って発信されていることが、みやじ豚が多くの人から注目を集めている大きな要因になっています。

みやじ豚の三本の矢（2009）

◎志

日本の一次産業を「きつい、汚い、かっこ悪い、臭い、稼げない、結婚できない」の6K産業から新しい3K産業「かっこよくて、感動があって、稼げる」に変革する

◎独自化

みやじ豚というネーミングにこだわる／バーベキューマーケティング

◎エピソード

腹飼いによるストレスのない飼育方法／メディアに多く露出してストーリーを語る

10 years after

養豚農家　みやじ豚の今（2019）

あれから10年。

みやじ豚と代表の宮治さんは、驚くほどブレずに、そのストーリーを継続しています。

「農家のこせがれネットワーク」も「志」はそのままに、宮治さん自身は、その後もメディア等で注目され続けています。

2009年11月、初めての著書『湘南の風に吹かれて豚を売る』（かんき出版）を出版。10年、地域づくり総務大臣表彰個人表彰を受賞。15年より農業の事業承継を研究する「農家のファミリービジネス研究会」を主宰。16年、DIAMOND・ハーバード・ビジネス・レビュー『未来をつくるU－40経営者』20名に選出されました。17年にはテレビ東京の『カンブリア宮殿』にも出演しました。

みやじ豚としての独自化もずっと継続し続けています。

バーベキューは予約専用サイトをつくったことから、お客さんは一気に増え、毎回満員御礼が続くようになりました。

数年前からは、個人向けのネット販売にも力を入れ始め、お肉を買っていただいた方には、みやじ豚の思いを書いた代表挨拶や、オリジナルポストカードなども同梱するようになりました。

同時に月の出荷頭数を100頭に制限することで、希少性を維持しています。

もちろん商品の品質向上にも余念がありません。仕上げの餌をトウモロコシから麦類・いも類・米を配合したものに変えたことで、さらにおいしくなりました。

成分分析の結果、通常の国産ブランド豚よりもうま味成分が2倍多く、オレイン酸とリノール酸の配合も理想的だという結果も出ています。

あれから10年、みやじ豚は当時からあった「三本の矢」をより太く、強くしているのです。

みやじ豚の三本の矢（2019）

◎志
日本の一次産業を「きつい、汚い、かっこ悪い、臭い、稼げない、結婚できない」の6K産業から新しい3K産業「かっこよくて、感動があって、稼げる」に変革する

◎独自化
みやじ豚の希少性や価値／バーベキューマーケティング

◎エピソード
腹飼いによるストレスのない飼育方法／餌を変えてさらにおいしく／メディアに多く露出してストーリーを語る

3 小さな町の片隅から世界を狙う！崖っぷちから有名店へ

10 years ago

ビーサン専門店　げんべいのストーリー（2009）

ビーチサンダル、略してビーサン。そんなビーサン専門店が神奈川県の葉山町にある。今では「ビーサンと言えばげんべい」と全国的に有名になり、色々な有名企業とのコラボレーションやデパートから催事への出店の依頼が後を絶たない。しかし10年前までは、地元民しか知らないどこにでもある万屋《よろずや》だった。取り扱う商品は、肌着・靴下・ストッキングなどの衣料品がメインで、日用品やたばこなど何でも取り扱っていた。ビーサンにはこだわっていたものの、夏だけの季節商品にすぎなかったのだ。

そこに婿としてやってきたのが五代目店主の中島広行さん。当初は何をやってもうまくいかず、コンサルタントの意見を聞いて品揃えを増やせば増やすほどジリ貧状態が続いていた。それをビーサン専門店として、ネットを中心に販売したところから、げんべいのサクセスストーリーは始まる。

自分が本来持っている強みに気づき、そこに焦点を当てることでブランディングして成功した例として、ぜひとも参考にしてほしい。

ＪＲ逗子駅を出た海回りのバスは、国道１３４号線を越え、葉山町に入っていきました。バス同士がすれ違うのがやっとの、狭くカーブの多い海沿いの道を走っていきます。バスに乗って約20分。「洋品・はきもの・日用品」という看板とともに、ビーサンが大量に軒先に並べられている店が目に入ってきました。

今や全国的にその名前が知られているビーサン専門店「げんべい」です。

店内に入ると、所狭しなどという表現でも足りないくらいの大量のビーサンが積み上げられています。初めて来た人は圧倒されてしまうくらいの量です。台の色と鼻緒の色をかけあわせたカラーバリエーションは100種類。サイズが12種類あるので、計1200種類のビーサンがこれでもかというほど積み上げられています。その中からお気に入りの一足を見つけ出すのは、まるで宝探しのよう。売れ筋は黒、白、茶の3色。しかし、売れ筋だけを置いておくより、あまり売れないような色まで揃えて置いておくことが大切だと言います。「どれにしようかな〜」という選ぶ楽しみを与えることで、結果として売れ筋の商品がよく売れるのです。

もちろん、げんべいのビーサンへのこだわりは色や形だけではありません。台や鼻緒には柔らかく履き心地のいい天然ゴムを使っています。台の底であるソールも、つま先が低くてかかとが高い「テーパー型」と呼ばれる大量生産には向かないタイプを使用。履き心地にこだわる結果です。また鼻緒も、甲高の足を持つ人が多い日本人に合うようにつくられています。

このようなこだわりがあるので、げんべいのビーサンは履いていて疲れにくいことでも有名です。

道路を挟んだ衣料品の店舗では、げんべいのロゴ「㋘」印の入ったビーサン、Tシャツ、トートバッグ、小物などが売られています。壁には、非売品のコラボレーションビーサンが飾ってあります。コラボの相手は、有名企業、情報誌、プロ野球の球団、Jリーグのチームなど色とりどりです。

また、げんべいは有名人にファンが多いことでも知られています。ユーミンこと松任谷由実さんは、コンサートのスタッフにげんべいのビーサンをプレゼントするのが恒例です。放送作家の小山薫堂さんからの依頼で、映画『おくりびと』アカデミー賞受賞記念のビーサンもつくりました。

今でこそ、全国的な有名店になり、色々な企業からコラボレーションの依頼が次から次へと舞い込んでくる「げんべい」ですが、10年前には、売上はジリ貧状態で活路を見出せない状態でした。

「げんべい」をここまで変えたのは、どんなストーリーだったのでしょう？

神奈川県葉山町。古くからの別荘地として知られ、皇室の御用邸などもあるこの土地には、ゆったりとした独特の空気が流れています。

そんな潮の香りがする人口３万の小さな町の片隅で、「げんべい」は約１４０年前に創業しました。初代は小売業ではなく足袋職人でしたが、三代目で小売業へと転換し、現在に至ります。

海水浴場に近いという立地から、以前から夏になると、ビーチサンダル、浮輪、虫取り網など季節の商品が並んでいました。特にビーチサンダルの種類の多さは特筆すべきものでした。近くに企業の保養所などがたくさんあるので、その要望に応えているうちに種類が多くなったのです。また履いて疲れないようにするために、細部にこだわってつくられていました。

しかしビーサンを扱うのは夏場だけ。冬場は肌着・靴下・ストッキングなどの衣料品や日用品を扱う万屋になります。海の近くの商店街であればどこにでもあるような店でした。全国の小さな小売店の多くがそうであるように、げんべいも特に繁盛しているわけではなく、ゆっくりと下降線を描いていたのです。

そんな「げんべい商店」の跡取り娘と結婚し、婿として店をまかされたのが、五代目にあたる中島広行さんです。しかし最初の3年間は、まったくうまくいかないことばかりで、苦渋の毎日でした。

小売業を初めて体験する中島さんは、店を指導していたコンサルタントに教えを乞い、色々なマニュアルをつくってもらいました。問屋を回り、繁盛している店に話を聞きにいき、同じ商品を仕入れたりもしました。また業界の集まりに積極的に顔を出し人脈をつくろうともしました。

しかし、いくら品揃えを研究し、新しい商品を置いて、人脈を築いてもお客さんは増えませんでした。来店するお客さんが10人に満たない日もありました。セール日をつくったり、新聞に折り込みチラシを入れたりもしましたが、ほとんど効果はありませんでした。仕入れた商品の支払いができるのか、はらはらするような日が3年間も続いたと言います。その頃の中島さんの頭には売上のことばかりで、お客さんの顔が見えていなかったそうです。

3年間無休で働いているのに店の売上は下降するばかり。近所の人からの悪評も色々と聞こえてきて、中島さんはストレスで食事も喉を通らない状態でした。

そうやって苦しみながら考えているとき、ふと思いつきました。

「近くの人が来てくれないのなら、遠くの人に来てもらえるような店にしたらどうだろう？」

わざわざ遠くから来てもらうにはそれなりの価値がある店になる必要があります。

「『げんべい』だけの価値って何だろう？」という問いを考え抜いたときに、行き着いたのが「ビーサン」という答えでした。

自分が最初にお店に入ったときに、「へぇ〜ビーサンってこんなにサイズと種類があるんだ」と単純に感動したことを思い出したのです。職人かたぎの先代が、こだわってコツコツと増やしてきたビーサンを、「もっともっと世の中に知ってもらいたい」と思ったのです。

また中島さん自身も、単純な構造の中に、色々な工夫が施されていることを知れば知るほど、ビーサンが好きになっていました。

やがて、「どうせ落ち込んでいくだけなら、自分の好きなことをやってやる！」と開き直り、「そうだ！　ビーサンを売ろう」と決意するのです。

もともと、夏の主力商品。コンサルタントがビーサンを売るのを勧めなかったのは、ビーサンが夏だけの季節商品だったからです。「でもこれだけのクオリティのビーサンがあるのだから、冬にだって売れるかもしれない」と中島さんは考えました。

その当時、ユニクロのフリースが大ブームでした。特に色のバリエーションの多さを訴求するCMがテレビで流れていて、それを見た中島さんはひらめきました。色やサイズのバリエーションならば、うちのビーサンも負けてはいない。よし、ビーサンの色と種類の多さを全面的に訴求するホームページをつくろうと。

2001年3月、げんべいは、ビーサン専門店としてホームページを立ち上げ、ネット販売を始めました。

台と鼻緒の色の組み合わせを自由に選べるようにしたことが特徴です。これが、後のげんべいの躍進を決定づける第一歩となりました。

ビーサン専門店という物珍しさもあって、半年で800足近くがネットで売れ、お客さんは全国に広がっていきました。その反響に中島さんは手応えを感じます。また不思議なことに、ネット通販で買ったお客さんは、実際の店も見たくなるらしく、遠くから店に来てくれるようになりました。

そうなると、お店でしか買えないグッズをつくろうと、Tシャツやバッグなども揃えるようになりました。店の一角だったビーサンコーナーを全面的に前に出し、冬でもビーサンをメインに据えました。「㋘」というロゴがカワイイと評判になりTシャツはよく売れました。お客さんも喜んでくれるし、中島さん自身も楽しんで仕事ができるようになってきました。

また、ホームページを見た、新聞、雑誌、ラジオなどから取材が入ってくるようになりました。ビーサン専門店という存在が珍しかったからです。そうなると、ますます遠くからのお客さんが増えていきました。売上不振だった頃は、半径数百メートルの近所のお客さんに来てもらうことしか考えつかなかったのに、不思議なものです。

04年、げんべいは大きな転機を迎えます。げんべいの名前を日本中、世界中に広げることになった「コラボビーサン」が始まったのです。「コラボビーサン」とは、企業がげんべいとコラボレーションして、主にノベルティ用に作ったビーサンのことです。

最初は、埼玉のFM局NACK5のリスナープレゼントでした。そして翌年、セレクトショップのBEAMSとの「コラボビーサン」が発売されました。あのBEAMSが認めたビーサンということで火がつきました。その後、HONDA、NIKON、横浜ウォーカーと、次々とコラボが決まっていったのです。

企業とのコラボは大きな宣伝効果をあげ、店のイメージも急上昇しました。全国のデパートから催事への出店依頼がどんどん来るようになりました。売れなかった頃は、どうしたらデパートの催事に呼んでもらえるようになるのかな、と色々と考えていたのに、今では受けきれず断ることもあるくらいです。

「最初は冬にビーサンが売れるなんて誰も思わなかった。でもやってみてはじめてわかったことがいっぱいありました。今では夏が終わると、すぐに次のシーズンのコラボビーサンの打ち合わせで忙しい。また、海外旅行に行く人をはじめ、冬でもビーサンが欲しい人は結構いるんです。ここに行けばあるというのは強み。沖縄では一年のほとんどをビーサンで過ごす人も多い。また日本は冬でも南半球は夏。そう考えていくと、一年中ビジネスチャンスはあるのです」

そう語る中島さんは、今では全国の企業相手に商売を展開しています。

そんな中で、学んだのは、目先の利益を考えず、相手のことを考えて仕事をしていると、まわりまわっていつかは自分に利益がまわってくるということ。「どうやったら儲かるのですか？」という質問には、「儲けようと思わないことが儲かること」と答えているそうです。

「商品を納品してお金をもらって終わりだとそれで本当に終わってしまう。100頼まれたら105にして返すことをモットーにしていると、周りの人がどんどん紹介していってくれる。ほんとに人に恵まれていると思います」

現在、取引している企業やデパートの多くも、以前仕事をした相手からの紹介で、こちらから営業をかけることはまったくない、と言います。10年前からすると考えられない姿です。

「最初から大きな歯車を回そうとしてもビクともしない。最初は小さな歯車でも、とにかく回しているうちに、うまくかみ合えば徐々に大きな歯車になっていく。ある程度大きな歯車になってくると、後は加速度がついて最初には思ってもみないほどの大きな歯車を回せることになる。うちの店は家族経営。全国にそんな店は無数にあると思う。でもそんな店でも全国区になり、大きな企業とコラボすることができるんだってことを知ってもらって励みにしてもらいたい。よく『げんべいはビーサンがあったから』って言われるけど、そんなことはない。10年前の店を知っていたら誰もそんなことは言わないはず。どんな店も、そうやって大きな歯車を回せる可能性があるんです」

静かに、でもしっかりとそう語る中島さんは、自信に満ちあふれていました。

今年から沖縄にも販路を広げるげんべい。海外からも色々な話が舞い込むようになっています。

現在の中島さんの「志」は、「世界に認められるビーサン屋になる」こと。

10年前、何とか生活できるためにと、必死で考えて、ビーサンでブランディングした小さなお店が、今ではそんな大きな「志」を持つようになったのです。

もともと、草履をヒントに、日本でアメリカ人の手によって発明されたビーチサンダル。英語では「フリップフロップ」、ギリシア語では「サヨナラ」と呼ばれて、今や世界中に普及しています。しかしそのほとんどが中国製。

中島さんはそれを「ビーサン」という名前で、日本における歴史的背景や細部にわたるこだわりのストーリーを発信していくことで、世界に売り出そうと考えているのです。

葉山から世界へ。その「志」を実現していこうというストーリーに、多くの人が応援してくれるに違いありません。

げんべいの三本の矢（2009）

◎志
「先代がつくったこだわりのビーサンを世の中に知ってもらいたい」↓
「世界に認められるビーサン屋になる」

◎独自化
一年中ビーチサンダルを売る「ビーサン専門店」／企業とのコラボビーサン

◎エピソード
カラーバリエーション、サイズが豊富なビーサン／台、鼻緒、ソール等、細部にこだわっている／ユーミン、小山薫堂さんら著名人もお気に入り

10 years after

純国産ビーチサンダル専門店「九十九」の今（2019）

２００９年以降も中島広行さんは、げんべいを進化、発展させました。

紹介が紹介を呼び、さまざまな業種の企業とのコラボビーサンが実現します。

たとえば横浜ウォーカーの取材をきっかけに、江ノ電、横浜F・マリノス、横浜・八景島シーパラダイスなどとのコラボレーションへとつながりました。それ以外にも、横浜DeNAベイスターズ、湘南ベルマーレ、神奈川新聞などの地元企業はもちろん、千葉ロッテマリーンズや福岡ソフトバンクホークスなど、他県のプロ野球球団、その他、東急ハンズやパルコなど、２００社以上とのコラボレーションが実現したのです。

これも中島さんが「紹介してくれた人の評価を下げることをしてはいけない」「相手の期待値を上回る」ことをモットーに、コラボレーション先の企業と誠実に取引をしていたからでしょう。

こうして、げんべいは全国的にますます有名になり、新聞などのメディアにその成功が大きく取り上げられることが多くなりました。

ビーチサンダル専門店にした当初は、「季節商品だから夏以外に売れるわけがない」「いまさらビーチサンダル?」「こんな不便な場所の古くてボロい店にお客さんは来ないよ」「1000円もするの? 高いね」と散々に言われていました。

ところが、成功すると周囲からの言葉がガラっと変わったと言います。

「げんべいさんは老舗だからね」

「葉山にあったからブランド化できたんでしょ」

「あれだけビーチサンダルの種類があれば人気になるよね」

「中島さんだからできたんでしょ?」

どれも当初はマイナスに思われていたことばかりでしたが、うまくいったらいったで正反対のことを言われるのです。

ただ成功することによる光は、影も生み出します。

中島さんは、2015年に18年間働いたげんべいを退社することになりました。

しかし、中島さんのビーチサンダルへの情熱は消えませんでした。

元々は日本生まれのビーチサンダル。しかし、現在日本で流通しているものはほとんどが外国製です。実はげんべいの製品も例外ではありませんでした。

そこで中島さんは「日本発祥の産業を、もう一度日本で復活させ日本製のビーチサンダルを作りたい」と考えました。しかし、国内で作ってもらえる工場はなかなか見つかりません。

もともと日本のビーチサンダルは神戸が発祥だと言われています。工場も神戸周辺が多かったのですが、1995年の阪神淡路大震災をきっかけにほとんどの会社が廃業してしまいました。そんな中、紹介を通して兵庫県にある1軒の工場に巡り合い、製造してもらえることになったのです。

こうして中島さんは、株式会社TSUKUMOを設立。東京・台東区で「日本製ビーチサンダル専門店九十九《つくも》」をオープンさせます。ブランド名の「九十九」は「現状に満足せず、常に100マイナス1で、1を埋める努力をする」という理念を表したものです。

大きな魅力は台19色、鼻緒12色の228通りの組み合わせを好みで決められること。サイズも15～28センチまできめ細かく用意されています。

中島さんは「一度は衰退した日本製を復活させ、日本のビーチサンダルでは初のブランド『九十九』の名を、世界に広げていく挑戦を続けていきたい」と語りますその背景には、日本にビーチサンダル作りが根付き、工場の職人さんの息子・娘が後を継いでくれるような産業に育てていきたいという思いがあります。

自社のウェブサイトには、「九十九の考えるビーチサンダル」「製造方法」などのストーリーが詳しく書かれています。

最近は日本の企業のみならず、海外の有名セレクトショップからの引き合いもあるそうです。革製の高級ビーサンを開発したり、8月3日を「ビーサンの日」(8をBに見立てた)に登録したりするなど、新しい取り組みにも意欲的です。

日本生まれなのに、産業として衰退してしまったビーサン。中島さんは、そんなビーサン産業を復活させ世界に打って出ようとしています。

九十九の三本の矢（2019）

◎志
日本生まれのビーチサンダルを世界中に広げる

◎独自化
日本初純国産ビーチサンダルを売る「ビーサン専門店」

◎エピソード
ビーチサンダルの日を制定／革製の高級ビーサンの開発／製造工場を継ぎたいと思うような産業に育てる

4 どこよりもカッコイイ法人に！BtoBだからこそ差別化せよ

10 years ago

面白法人カヤックのストーリー（2009）

会社の名前の前に「面白法人」と枕詞をつけている会社がある。それが面白法人カヤックだ。大学の同級生だった3人が10年前に設立した会社。創業メンバー貝畑政徳の「カ」、柳澤大輔の「ヤ」、久場智喜の「ク」の頭文字を取って名付けたという。ウェブ制作を中心とした会社で、社員は、アルバイト、インターンを含め100名超。絵の測り売りオンラインショップ「アートメーター」や、建築家と施工主とを繋ぐ家作りマッチングサイト「ハウスコ」等を制作する。

ここ数年、国内外で多くの賞を受賞している制作能力もさることながら、経営理念にとことんこだわる姿勢、「サイコロ給」などユニークな給与システム、24時間遊び24時間働けるオフィスなど、興味をそそられるエピソードには事欠かない。

しかし、カヤックが一番こだわっているのは「経営理念」だ。グーグルで「経営理念」という言葉で検索すると第1位に出てくるのがカヤックのサイトである（2009年5月現在）。

まず「理念」をかかげ、その理念に合うようなエピソードを積み重ねていくことで、同業他社と一線を画したブランディングに成功している。

そして、売上と利益は伸び続け、会社の規模も大きくなり続けている。

差別化に悩むBtoBの仕事がメインの会社には、目から鱗の内容だろう。

一年中観光客で賑わう山と海に囲まれた古都・鎌倉。そんな鎌倉の中心部。鶴岡八幡宮へと続く若宮大路沿いに、「DONBURI CAFE DINING bowls」というカフェがあります。

ある日のランチタイムに訪れると、満員の盛況。お客さんも、女子高生の団体からビジネスマン、お年寄りのカップルまで幅広い層が食事を楽しんでいました。地元民からも観光客からも支持されているという雰囲気です。

店の入り口近くには、540個ものどんぶりが使用された「どんぶりタワー」がドーンとお出迎え。そう、ここの売りはどんぶりなのです。ランチは、5種類のどんぶりメニューがあり、すべてがSMLとサイズが選べます。どんぶりの底にアタリが出たらどんぶり勘定になる割引サービス。店頭では何種類かのどんぶりが売られていて、買って持ってくるとお得な料金になるマイどんぶり制度など、遊び心にあふれています。内装もアンティークのイスやテーブル、またソファもいくつかあって、ゆっくりとリラックスできる雰囲気です。もちろん、料理は素材にもこだわっていて、味もおいしい。他にも、ネット上でレシピを募集する「みんなのどんぶり制度」などもあります。

このお店は、ただやみくもに面白企画を実施しているわけではありません。ちゃんとした理念のもとに、それに合ったエピソードのストーリーを展開しているのです。bowlsの理念は、メニューに書かれていました。

DONBURI　それは混沌。それは宇宙。それは愛。
bowlsは、どんぶり世界一をめざすカフェ。
楽しくなくちゃ、DONBURIじゃない。

bowlsは、「楽しい」ということが、どんぶりの大切なおいしさの一部と考えています。

実はこのお店、同じビルに本社がある「面白法人カヤック」が運営しているどんぶりカフェなのです。このお店の雰囲気ひとつとっても、理念を大切にし、自分が手がける仕事はすべて楽しめるものにしようというカヤックの心意気が感じられました(bowlsは現在閉店)。

カヤックはウェブ制作を中心とした制作会社です。しかし、単なる制作会社の域を超えてメディアをはじめ色々なところから注目されています。2008年には、代表取締役の柳澤大輔さんにより、本が一冊まるごと会社案内という『面白法人カヤック会社案内』が出版されました。

なぜ、ここまでカヤックが注目されているのでしょう？　一見、色々な規則やおもしろい制度などに目を奪われがちですが、単純にそれだけの理由ではありません。第1幕でご紹介した、「志のストーリー」「独自化のストーリー」「エピソードのストーリー」が、うまくリンクしあって、ストーリーの「三本の矢の法則」にかなっているからなのです。

まずカヤックの「志」から見ていきましょう。

それは経営理念である「つくる人を増やす」です。

カヤックは、「つくる」という行為を、コミュニケーションの一種だと考えています。「つくる」ことによって、自分を見つめなおし、人の心を動かすからです。また、「つくる」ことは、多くの人を楽しませます。「つくっていない人」を「つくる人」に変えることで、社会貢献になると考えたのです。

次に、そんな「経営理念」を実現するために、カヤックができる「行動指針」を「カヤックスタイル」として示しています。２００９年5月現在、ホームページで「カヤックスタイル」として挙げられているのは、次の7項目です。

1 「何をするか」より「誰とするか」
2 鎌倉本社と旅する支社
3 サイコロ給とスマイル給
4 「それって漫画っぽい？」
5 量が質を生む
6 ブレスト
7 ありがとう

特に、短期移住型の海外のオフィスである「旅する支社」、サイコロで給与が決まる「サイコロ給」、某ファストフードチェーンのスマイル０円にヒントを得てつくられた、支給額は0円ながらも給与明細に記載される「スマイル給」などは、メディアによく取り上げられるカヤックならではのシステムです。

「それって漫画っぽい?」は、選択肢で迷ったときなど自問自答する重要なキーフレーズだと言います。その意図は、〝なるべくありえないこと〟〝人と違う道を通る〟〝すがすがしいほどの荒唐無稽さ〟〝裏表のないチャレンジングスピリット〟などの要素が含まれているかどうかが選ぶ基準になるのです。

このような「カヤックスタイル」があることで、「ああ、あの会社ね」と記憶に残りやすく、イメージしやすくなっています。本書で言うところの「ストーリーブランディングストーリー」が確立しているのです。

そしてさらに、「経営理念」「カヤックスタイル」に基づいて、色々なエピソードのストーリーが展開されています。

○和をテーマにした24時間遊び24時間働けるオフィス
○「閃光部」「意匠部」「起立部」「演出部」「ギブ&ギ部」「特務部」など、他の会社で

はあまり見受けられないようなセクション
○役職がなく役員も「さん」付けで呼び合うフラットな組織
○上場会社ではないのに、細かく財務状況を公開
○似顔絵を漫画風に描いた名刺
○「ありがとう」とお礼の言葉をネット上に公開するサービス『THANKS』
○社員の夢であったカフェを実現（前述のDONBURI CAFE DINING bowls）

――などなど、挙げるとキリがないくらいの多さです。

カヤックはつくることが大好きな人間が集まっています。名刺の肩書には全員「クリエイター」と印字し、企業活動すべてが「作品」と位置づけています。

このように現在のカヤックは「面白法人」の名を体現する、ユニークな会社になっています。それは、創業当初から一貫して「自らが楽しく働き、面白いと言われる会社をつくろう」という「志」があったから生まれたものだと、代表の柳澤大輔さんは語ります。

「会社も法人格を持つ人だと考えたとき、自然発生的に『面白法人』というスローガンはありました。『面白法人』を『おもしろのりと』と呼んでペンネームにして漫画を描きたいね、なんてアイデアも出ていましたね。会社が漫画を描くって面白いでしょ？　僕らの中には、面白いこと＝カッコイイこと、という感覚があり、会社を大きくするとか、何年後には年商何百億とか、そういう目標にはあまり興味がなかったんです。でもグーグルのスローガンである〝Don't be evil（悪いことはするな）〟を『志』と呼ぶならば、〝カッコ悪いことはしない〟というのが創業当時からの僕らのモットー。どこよりもカッコイイ法人になりたかった」

〝どこよりもカッコイイ＝どこよりも面白い〟法人をという「志」があったことで、自然と、それを表現するために、色々な企画が生み出されてきました。その結果が、既に述べたような「カヤックスタイル」であり、色々な「エピソード」なのです。

このようにカヤックは「理念」「スタイル」「エピソード」（本書で言う「志」「独自化」「エピソード」のストーリー）をうまくリンクさせていくことで、社内のモチベーションを上げ、社外からの注目を集めています。

「サイコロ給なんかも創業当時からやっているけど、注目されだしたのは数年前から。狙って始めたわけではなく、自分たちが面白いからやって、理念に合っていたから続いているのだと思います。注目してくださる方にも色々あって、カヤック独自の制作物やサービスに興味を持ってくれている人もいれば、何をやっている会社かぜんぜん知らずに制度やオフィスだけに注目してくれている人もいます。実情を言えば、面白いことに挑戦し続けるために、社員にはアスリート気質を持ってもらおうと働きかけるので厳しかったりもしますが、幸い一緒に働きたいという人が集まってくれて、その結果これだけの人数になったんです」

カヤックには、社員全員が参加する大イベント「ぜんいん社長合宿」があります。たとえ新入社員であろうとも、自分が社長になったつもりで、企業理念を見直すという作業をするのです。実際にここで出されたアイデアが採用されることも多々あると言います。

このように、カヤックは、自らのストーリーをいつも見直し、追加し、更新していくことで、常に「面白法人」であり続けようとしているのです。

面白法人カヤックの三本の矢（2009）

◉志

「カッコ悪いことはしない」↓「つくる人を増やす」

◉独自化

鎌倉本社&旅する支社／サイコロ給など7つのカヤックスタイル

◉エピソード

24時間遊び24時間働けるオフィス／名刺／セクション／組織／どんぶりカフェ等多数

10 years after

面白法人カヤックの今（2019）

10年経ってカヤックは、さらに大きく成長しました。

今や日本を代表するＷＥＢコンテンツの制作会社と言っても過言ではありません。わかりやすく象徴的な出来事でいうと、２０１４年12月東証マザースに上場したことでしょう。現時点で、鎌倉市に本社を置く唯一の上場企業です。

上場をめざす意志を明確にした頃には、「上場してしまったら、株主から面白いことに歯止めをかけられるのではないか？」「面白いことと儲かることは本当に両立するのか？」「そもそも面白法人は上場に向いてないのではないか？」などという意見も多かったといいます。

しかし、そんな心配をよそに、上場後もカヤックは面白法人であり続けています。

毎年のように、新しくて面白いＷＥＢコンテンツを生み出している一方、経営理念は「つくる人を増やす」のままであり、ブレていません。サイコロ給やスマイル給などの制度もそのままです。

14年には「ぜんいん人事部化計画」を始動。これはカヤック社員全員が人事部になり、一緒に働きたい人材をスカウトするという制度で、これにより採用コストが25%下がりました。

18年8月、カヤックは創業20周年を迎えました。10月には鎌倉市に新社屋が完成。会社の規模拡大に伴って、ここ数年は横浜に主要拠点を移していたので、数百人の社員がまた鎌倉で働くことになりました。それに伴い、鎌倉の「まち全体をオフィスにする」という構想のもと、いろいろな場所にオフィスを点在させています。中には古民家をリノベーションしたオフィスもあります。

鎌倉市は景観保護のため建物の高さに制約があり、大きなビルがつくれないことを逆手にとったコンセプトです。

中でもユニークなのは「まちの社員食堂」です。

内向きの社員食堂ではなく、その名の通り、鎌倉で働く人であれば誰でも利用できる施設です。料理は地元の飲食店が一週間ごとに交代で提供。観光地の鎌倉では、手頃な値段でランチを食べられる店が少ないのが悩みでした。そんな中、朝・昼・夕と健康的でおいしいメニューを提供することで、自前の「社食」がない小さな会社の社員にも、自店の味をアピールしたい飲食店にとっても利益があるというシステムです。また他の会社との交流の場としても活用できます。

他にも鎌倉で働く人、暮らす人に開かれた企業主導型保育事業「まちの保育園」、レストランやカフェといった空間が映画館になる「まちの映画館」、鎌倉という地域で働く人を増やすための「まちの人事部」など、新しい形の地域活性化コンテンツのアイデアを実行に移しています。

これらは、カヤック代表の柳澤さんが唱える「鎌倉資本主義」という概念を体現した施策です。

「鎌倉資本主義」とは、地域から始まる新たな資本主義の形で、「地域固有の魅力を資本と捉え、企業や自治体が力を合わせてその資本を最大化することで企業の成長と地域の持続可能な発展を可能にする」という考え方です。18年にはその活動を一冊の本にして『鎌倉資本主義』（プレジデント社）として一冊の本になりました。

面白法人カヤックは、軸はブレずに成長し続け、その面白ぶりを会社がある鎌倉の街に広げつつあるのです。

面白法人カヤックの三本の矢（2019）

◎志
「つくる人を増やす」

◎独自化
鎌倉資本主義／まち全体がオフィス

◎エピソード
ぜんいん人事課計画／まちの食堂／まちの保育園／まちの映画館／まちの人事部他多数

第3幕
心が動けば、商品・サービスは売れ続ける
〈実践篇〉

1 私が「ストーリーブランディング」にたどり着いたワケ

第3幕では、あなたが、自分の会社やお店をどのように「ストーリーブランディング」していけばいいかを解説します。

その前に、そもそもなぜ、私が10年以上前、「ストーリーブランディング」という言葉を生み出し、その手法を確立しようと思ったのかを簡単に記述しておきます。

当時、私はフリーランスのコピーライターとして、広告代理店と組んで大手企業の広告制作をするのが主な仕事でした。いわゆる「ブランディング」に携わることもよくありました。そんな仕事をしている中、私はもやもやとした気持ちを抱くことが多くなってきました。

広告代理店がかかわるような一般的な「ブランディング」は、乱暴にまとめると「新しいロゴをつくって、聞こえがいいキャッチコピー（タグライン）をつける。併せて商品のデザインを一新。キャラクターになるタレントを起用して、主にCMをはじめとする広告を使ってそれを宣伝する」という行為です。

たとえて言うと、企業や商品に新しいきらびやかな衣装を着せるイメージです。広告代理店にとっては、新しい衣装（広告）をつくって、どんどん露出（広告出稿）してもらわないと売上にならないので、それはいたしかたない側面もあります。またそれが一時的には成功する（しているようにみえる）ときもありますし、大企業であればそれでいいのかもしれません。

しかし、私は、そんな手法に違和感を覚えることが多くなっていったのです。

確かに新しい衣装で一時的な効果はあっても、すぐに色あせる。人々の価値観が大きく変化している中で、もっと本当の意味で企業や商品を輝かせて、長く色あせない効果のある方法はないだろうか？

そこで考えついたのが、「ストーリーブランディング」という手法でした。

簡単に言うと、「企業を『物語の主人公』に位置づけ、その価値をわかりやすく発信することで、ファンを生み出しブランド化していく手法」のことです。

第1幕で「商品に人をプラスするとストーリーが生まれる」ということを書きまし

た。「ストーリーブランディング」の原理も同じです。企業に人をプラスする、もしくは企業そのものをキャラづけして「人格化」することで、「物語の主人公」になることができるのです。

ビジネスという場で「物語の主人公」に必要なのは、きらびやかな衣装ではなく「真実という服」だと考えます。パッと見は華やかではない。ただその企業にとっては、真実こそが一番似合う服だからです。特に高い広告費を注ぎ込めない中小企業においてはそれが顕著です。

もちろん「真実という服」を着ただけでは、本当の意味での「物語の主人公」にはなれません。

主人公が行動しない「物語」は退屈で見る気がしないからです。主人公が高い目標をかかげて、色々な困難や障害に立ち向かっていく姿を見せることが重要になります。それによって観客（客・取引先）や共演者（従業員）は主人公のファンになっていくのです。

このプロセスをわかりやすく見える化し発信していくことが「ストーリーブランディング」です。

そのために必要な要素が「三本の矢」です。

主人公が、他とは違う「独自の価値」を持ち、「魅力的なエピソード」を生み出しながら「志」に向かって歩み続けている限り、その「物語」が色あせることはありません。

2 ストーリーは「創作する」ものではなく、「発見する」ものです

まず強調しておきたいのは、ビジネスにおけるストーリーは「創作する」ものではなく、「発見する」ものであるということ。大抵の場合、ストーリーの原石は、あなたの会社や店、また、あなた自身の中にあります。とはいえ、その発見のプロセスは、あなたがどのようなポジションにいるかによって大きく異なります。

変数になるのは、以下の2つの要素です。

● あなたが経営者かそうでないか
● 既にある会社かこれから起業する会社か

あなたが経営者であれば、まず自分の会社を「物語の主人公」にすることで、「ス

トーリーブランディング」しようと決意することが何より重要です。

もちろん同じ経営者と言っても、実質自分ひとりでやっている会社もあれば、大勢の従業員を抱える大企業もあります。それによって現実的な進め方は大きく異なるでしょう。それでもまずトップの決意が何よりも重要なのです。

従業員がいる会社や店の場合は、どこかの段階で彼らを巻き込んでいく必要があります。社長ひとりが頑張ってチャレンジしても、ストーリーの効果は思ったほどは上がらない可能性が高いからです。きちんと従業員からも共感を得て、一緒に実現していこうと思ってもらえるようなストーリーが必要になってきます。

あなたが経営者でない会社員だとしたら、自分ひとりで会社全体の「ストーリーブランディング」を考えることは難しいでしょう。経営の根幹にかかわることなので経営者が主体的に参加することは必須です。もちろん、経営者を巻き込むことで実施していくという手法もありますし、ひとつの事業部であったり、特定の商品を「ストーリーブランディング」していくことは十分に可能です。

あなたがこれから起業しようと考えているのであれば、「ストーリーブランディング」は非常に有効な手段です。ぜひ起業するまでに構築しておいてください。

また、「ストーリーブランディング」は個人に応用しても大きな力を発揮します。特に士業・クリエイター・コンサルタントなどの個人事業主が取り入れると、他の同業者と大きく差別化できるようになります。

これから起業しようとする方や士業・クリエイター・コンサルタントの方々が、どのように「ストーリーブランディング」すればいいかについては、巻末にワークシートを付録につけておいたのでぜひご活用ください。これはもちろん、既に会社のある経営者の方が実施しても自分自身を見つめ直すきっかけになります。

ここからは、主に既に存在している会社が、どのように3つの階層のストーリー（三本の矢）を発見し実践していけばいいかについて、順番に解説していきます。

3 「経営理念」がホコリを被っていませんか？

「三本の矢」の最初の矢は、「志」です。

あなたの会社やお店、あなた自身が「物語の主人公」になるためには一番重要な要素です。

ある程度大きな会社であれば「経営理念」を制定していることが多いでしょう。しかしその「経営理念」が「ストーリー」を生み出し、その企業を「物語の主人公」にするようなものであることはまれです。

なぜなら、そこに強い「意志」が感じられないからです。大抵の「経営理念」は、ホコリが被っていることが多い。「経営理念」が「企業理念」「ミッション」「ビジョン」「クレド」「フィロソフィー」など別の言葉になっていても同じです。

あなたの会社が業界トップの大企業であれば、それでもいいかもしれません。しかし、もしそうでないならとてももったいない。「価格」「品質」「広告」で勝負できないとすれば、本来は「理念」の部分で勝負しなければ勝ち目がないからです。

私は、この一番大切な部分が多くの企業でホコリを被ってしまう理由を、「経営理念」「企業理念」「ミッション」「ビジョン」「クレド」「フィロソフィー」などという「分類」にあるのではないかと考えました。

なぜならそのように「分類」して言葉を考えた途端、どこの会社が言ってもいいような教科書的なフレーズになってしまうことが多いからです。社名を隠してそれを読んでもどこの会社のものかわからない。

また「分類」を増やしてきちんとした言葉をあてはめようとすればするほど、言葉を作って埋めていくことが目的となってしまう。当然、効力を発揮しません。経営の上流にあるフレーズが色々とあればあるほど、誰も記憶できなくなります。

経営の上流にあり、その「理念」を表現するフレーズは、可能な限り集約すべきなのです（できれば1つに集約するのが理想ですが、社内向けと社外向けを分けるなど複数が必要な場合もあります）。

そのような理由から「ストーリーブランディング」では、これまで経営の上流にあり企業の「理念」にあたる言葉を「志」という言葉で統一してきました。「志」と表現することで「意志を持つフレーズ」になり、企業が「物語の主人公」になる可能性が高まるからです。

とはいえ、以前からある「経営理念」を簡単に変えるのは難しい場合も多いでしょう。代々伝わってきた「社是」「社訓」などであればなおさらです。そんな場合は、それはそれとして大切に保存しておき、「志」をキャッチコピー化して新たな旗印になる1行をつくるという方法があります。

それを「川上コピー」と名付けました。

経営の一番上流にあってすべての企業活動の道しるべになる1行だからです。「川上コピー」が決まれば、商品開発や広告広報など川中川下にあるすべての企業活動が必然的に変わっていくということを感覚的に理解しやすいこともメリットです。

「川上コピー」は、一般的に企業スローガン（コーポレートメッセージ、タグラインとも）などと呼ばれているものです。しかしこれもまたそのようなカテゴリーで呼ぶと、「○○のその先に」「○○で笑顔に」「○○で日本から世界へ」「未来をつくる」など安易な常套句になりがちです。

残念ながら、このようなありきたりな言葉では、人の心を動かすような「旗印」にはなりえません。当然ながらその企業は「物語の主人公」にもなれないもっとワクワクするような力強い1行が必要なのです。

それを明確にするために「川上コピー」という言葉を発明しました。

4 「志」の生み出し方はとても単純です

　では「志」をどう作ればいいか？

　これはある意味、ものすごく単純です。その分、とても難しいとも言えます。

　簡単に言ってしまうと、**あなたの会社の「強み」を使って「何か社会的な意義があること」を達成させようという思いが「志」になります。**

　しかし自社の本当の「強み」がわかっている会社は意外に少ないものです。自分では「強み」と思っていることがそうでもなく、自分では「弱み」だと思っていたことが本当の「強み」だということもよくあります。

「社会的な意義があること」に関しても難しいかもしれません。もちろん、会社は営利活動ですから「儲けたい」「〇〇が欲しい」などのエゴがあって当然です。しかしそんな利己的な「志」では誰にも共感してもらえません。かといって、キレイ事では嘘くさく思われます。

また簡単に達成できるものではワクワクしません。困難や障害があるほど物語は盛り上がります。でも実現不可能そうなものでは相手にしてもらえません。利己的でもなくキレイ事でもない。簡単に達成できないかもしれないけど、絵空事ではない。この主人公なら、ひょっとしたら達成するかもしれないという絶妙な「志」を掲げる必要があるのです。

そのとき、重要になってくるのが、あなたの会社や店の「過去から現在までのヒストリー」です。

「ヒストリー」とは、あなたの会社や店の歴史です。その企業がどのような思いで創業されたのか。もしあなたが二代目や三代目であれば、どのような思いで跡を継いだのか。過去にどのような商品やサービスを開発してきたのか。そこに込められた思いはどんなものだったのか。

これらの要素は非常に重要です。私が企業のストーリーブランディングのお手伝いをするときも、「ヒストリー」の取材やヒアリングを重視します。

経営者にインタビューするのはもちろん、創業者のエピソードも詳しく教えてもらいます。店舗・工場・オフィスなども可能な限り見学させていただき、社員の方に話を聞くことも多いです。過去の広告やライバル企業との関係などもできる限り調べます。そのように分析していく中で、この会社を「物語の主人公」にするには、どうすればいいのかというストーリーの「原石」を発見できるのです。

ただし「ヒストリー」だけでは本当の意味での「ストーリー」は生まれません。

よく企業の歴史をストーリー化してホームページに載せている例が散見されます。もちろんないよりいいのですが、残念ながらそれだけでは「ストーリーブランディング」には繋がりません。

なぜなら、それは「過去」でしかないからです。

小説や映画などで考えてみてください。

主人公が安全地帯にいて過去の栄光を語るだけの物語にワクワクするでしょうか？　しませんよね？

ワクワクする物語は、まず主人公が何か「新しい未来を作りたい」という「ビジョン」を抱き語るところから始まります。

「未来のビジョン」は、「過去のヒストリー」とリンクしているからこそ説得力を持ち、臨場感のある「ストーリー」になります。逆にどんなに素晴らしい「未来のビジョン」であっても、「過去のヒストリー」とリンクしていなければ、実現は難しいでしょう。当然、社外からも社内からも共感を得ることはできません。

そしてこの「未来のビジョン」を文章化したものが「三本の矢」の「志」であり、さらにそれを1行に凝縮してキャッチコピー化したのが「川上コピー」なのです。

「川上コピー」はできれば15文字以内が望ましいです。人間が一度に記憶できるフレーズがそれくらいだからです。

5 その「川上コピー」で本当にときめきますか？

想像してください。

あなたは舞台の上に立っています。

観客席ではお客さんや取引先が大勢見ています。同じ舞台の上には、従業員という共演者がいます。

あなた（の会社）が、どんな困難に立ち向かう覚悟があるかを、どんな風に社会的意義のあることをしていくかを、観客（客・取引先）や共演者（従業員）に示す1行が、「川上コピー」です。

思い浮かべてください。

あなたの会社の「川上コピー」が書かれた大きな旗が、大空にひらめいている姿を。

そして自問自答してみましょう。

その旗を見て、あなた自身はときめくでしょうか？

これから始まる物語にワクワクするでしょうか？

多くの人の心に刺さるものでしょうか？

従業員が行動を共にしようとするものでしょうか？

この旗に書かれている1行が、ワクワクする未来を感じさせる言葉になっていれば、自然と色々な「物語」が生み出されていくことでしょう。

……無理かもと思ったら、もう一度「志」をつくり直しましょう。

そして考えたものをまた旗に書いてみて……。

どうしてもいいものが思いつかない場合は、180ページから紹介する「独自化」の矢を先に考えてから、もう一度考える手もあります。

「これでいける！」と思うところまで繰り返してください。

6

「志」にチャレンジする姿が感動を呼ぶのです

こうして「志」「川上コピー」が決まったら、あとはそれに向かって行動していくだけです。自然とあなたの会社やお店は「物語の主人公」になっていきます。

従業員たちとは「志」についてよく話し合いましょう。彼らや彼女らが完全に同意してくれていないと、うまくいかない可能性が高いからです。

1年後、3年後、5年後と期間を区切った「ビジョン」を従業員に示し続けましょう。「ビジョン」とは「意志のある未来予想図」です。「志」に向けて走り出したとき、1年後、3年後、5年後に、従業員にとってどんなメリットがあり、どんなに明るい未来が待っているかを具体的に示すのです。

メリットは金銭や物質面に限りません。精神的充足も大きなメリットです。

うまくいけば、会社全体（あなたも含め）が第1幕でお話ししたようなフロー状態になることがあります。

そうなれば、ビジョンの実現にはますます加速度がつくでしょう。

そして、外部に向かっても「志」とそれに向かってチャレンジし続けている姿をどんどん発信し続けましょう。それが心に響くものであれば、社員も取引先も生活者も、きっと支持してくれるはずです。

近い将来、あなたの会社やお店の「志」や「ビジョン」は、必ずや現実のものとなっていることでしょう。

7 「川上コピー」で事業領域を変える

これまで「志」や「川上コピー」をどうやって見つけるかということについてお話ししてきましたが、抽象的でややわかりにくかったかもしれません。

具体的な例として、大手紳士服チェーンの「はるやま」(はるやま商事、本社・岡山県岡山市)の「川上コピー」の制作過程の例をご紹介しましょう。手前味噌ですが、私がお手伝いさせていただいた事例です。「川上コピー」は旗印だけでなく、事業領域を変える役割もあります。

「スーツで日本を健康にする会社」とは?

2016年秋、「はるやま」から「ストーリーブランディング」と「川上コピー作成」

の依頼があったとき、私はまず二代目社長の治山正史さんから、徹底的に「過去〜現在のヒストリー」を取材しました。その結果、治山さんは社長を継ぐときに「はるやまをインフラ企業にしたい」という強い思いを抱いていたことがわかりました。

紳士服チェーンとインフラ企業はあまり結びつきませんが、それは治山さんの幼い頃のエピソードに由来していました。私はその「志」に強く共感したので、お手伝いしようと思いました。

また、取材の中で、着ているだけでストレスが軽減するスーツやカロリー消費を増やすスーツなど、健康をサポートする機能的なスーツを開発していることがわかりました。

そのような「過去〜現在のヒストリー」を踏まえて、どのような「川上コピー」を構築すればいいかを考えました。

まず思い浮かんだのが「健康」というキーワードです。

多くのビジネスマンにとってスーツは一番長い時間をともにする洋服。そんなスーツが着る人のストレスを軽減し、おしゃれに健康をサポートするものになるなら、日本のビジネスマンはもっとおしゃれで健康になることができます。

「自分たちの商品で日本のビジネスマンを健康にする」という宣言は、物語の旗印になりうると直感しました。

ただ、商品だけで健康を訴えるだけでは、やはり弱い。そもそもそれでは治山社長が目指すインフラ企業になれないとも感じたのです。

そこで次に思い浮かべたのが、店舗の存在です。たとえば、郊外の幹線道路沿いにある大きな店舗が、ただスーツなどの商品を売るだけでなく健康のキーステーション的な役割を果たすことができたらどうでしょう？

定期的に身体の数値を計測して記録してもらえたり、ちょっとしたジムがあったり、ジョギング部などのコミュニティがあったり、健康相談を受けられたりするというイメージです。

地方では、クルマの移動ばかりで運動不足になっている人も多い。そんな地域の人たちが集まる健康の拠点になる。それが実現できたら、はるやまはインフラ企業になれる可能性があるのではないでしょうか？

それらを踏まえ、はるやまに提案したのは、以下の川上コピーと、世の中に向けて発信する3つの約束でした。

スーツで日本を健康にする

はるやま3つの約束

①（商品開発）　健康をサポートする機能性商品を開発します。

②（店舗の役割）　店舗を地域の健康支援の拠点となるようにします。

③（社内から健康に）　社員の健康を応援し、まず社内から健康でげんきになります。

「商品や店舗を通じて日本を健康にする」という「旗印」を掲げ、「はるやまをインフラ企業にする」という治山社長の「志」を実現していく物語を発信していくことで、ストーリーブランディングを実践しようという提案です。

ある意味、「スーツ販売業からビジネスマンの健康サポート業」に事業を転換する宣言だとも言えます。そうなると、紳士服に限らず、店舗で健康にまつわる商品やサービスを提供しても違和感がありません。宣言は事業領域を変える役割があるのです。

この宣言を企業広告にして日本経済新聞にカラー15段で出稿することになりました。「旗印」を掲げるというそのままのビジュアルで、治山社長自身に旗を振ってもらうことにしました。この広告は反響がありました。

現在、はるやまは、各店舗を改装して、色々な測定器により自分の健康状態をチェックできるスペースを作ることに着手しています。また社員を健康にする試みにも次々と取り組み始めています。

まだまだストーリーは始まったばかりですが、今後もさらにさまざまなエピソードが生まれていくはずです。

8 正しいオンリーワンになれば、あなたの会社は「独自化」されます

ここからは「独自化」の矢の見つけ方をお話しします。

「志」が、どちらかといえば、理念的なものだったのに対して、「独自化」は具体的な戦略の部分です。

「独自化」とは、簡単に言うと、あなたの会社、お店、商品・サービスのオンリーワンな部分をひと言で言い表したものです。

必ずしも、ナンバーワンである必要はありません。

ビジネスではよく「ナンバーワンでないものは存在しないものと同じだ」と言われます。「日本で一番高い山である富士山は誰もが知っているけど、日本で2番目の高さの山はほとんど知られていない」（正解は北岳）という例えを聞くと、なるほどと思ってしまいそうになります。

でも本当にそうでしょうか？　たまたま2目の北岳の知名度が低かっただけで、他にも阿蘇山、大山、六甲山、立山、白山、浅間山、高尾山、筑波山、蔵王山、岩手山、大雪山など全国的に知られている山はいくつもあります。

それらの山は、決して高さで日本一ではないかもしれません。標高でいうとかなり低い山もあります。しかし、どれもがオンリーワンのブランドを持っていると言えるでしょう。

もちろん、オンリーワンであればすべて売りに繋がるとは限りません。もしオンリーワンであるのに売上や利益に繋がっていないとすれば、ビジネスや商売という観点では、それは間違ったオンリーワンになってしまっているか、もしくはうまく発信できていないかのどちらかです。

間違ったオンリーワンとは、あなたの会社やお店の強みがズレている場合や、需要がまったくない場所にポジショニングしてしまった状態を指します。

きちんと「売り」に繋がる「独自化のポイント」を見つけましょう。

「独自化」は、「志」の実現のためにあるべきなので、両者の間に矛盾はないかどうかを常にチェックしてください。

9 「独自化のポイント」を見つけ出す3つのアプローチはコレです

「独自化」を見つけ出す方法は色々あります。ここではわかりやすいアプローチの方法を紹介しましょう。それが以下の3つです。いずれも特別すごい発想やアイデアや商品力がなくても、オンリーワンになれる方法です。

①分野をギュッと絞り込む
②「見せ方・魅せ方」を変える
③勝手に宣言する

順番に見ていきましょう。

①分野をギュッと絞り込む

小さな会社やお店がオンリーワンになる第一歩は、分野を何かに「絞り込む」ことです。別の言葉を使えば、何かの専門家、スペシャリストになることです。

自分の会社やお店が一番強いと思われるポイントにフォーカスを当てるようにしましょう。それが「独自化のポイント」になります。

今の時代、何でもできますは、何もできないのと同じです。何でも売っているは何も売っていないのと同じ。ラーメンもカレーも親子丼もハンバーグもメニューにある店は、一見便利なようですが、味はあまり期待できません。やはり専門店の方がおいしそうに思うものです。もちろん立地によっては（高速道路のインター近くで他に店がないドライブインとか）、何でも揃っている方が繁盛することもあります。

でも、そんな店の近くに大資本のチェーンができたらどうでしょう？

負けてしまう可能性が高いですよね。

第2幕で紹介した、ビーサンの「げんべい」も、絞り込むことで成功しました。

もちろん、これは小売業に限りません。

たとえば、旅行会社で考えてみましょう。

一昔前まで、大手の旅行会社の価格は高く、ありきたりのツアーしかありませんでした。中小の会社は価格や個人旅行の手配などで勝負できたのです。

しかし、今は大手でも格安チケットを扱い、個性的な商品を出してきています。そのような環境下では、小さな会社が「何でもできます！」と言っても、わざわざそこに頼む理由があるでしょうか？

何かに特化して専門分野を持ってないと生き残っていくのは難しい。たとえば「イタリア専門」「四国お遍路旅行専門」「海外フィッシング専門」「ボランティア体験ツアー専門」等、色々考えられますね。

何かに絞り込むときには、他に同じ専門家がいないかどうかを検証する必要があります。いわゆるポジショニングを検証するということです。ネットで検索をかけてみて、同じことをしている会社やお店がどれくらいあるかを調べるのは、最低限必要な作業です。

競争相手のいないブルーオーシャンかと思ったら、意外にも血みどろの競争が繰り広げられているレッドオーシャンだったということもあります。ただし、ブルーオーシャンであれば成功し、レッドオーシャンであれば失敗するといった単純なものでもありません。

ブルーオーシャンには競争相手もいない代わりに、お客さんも誰もいない、という可能性があります。

前述の旅行会社の例で言うと、たとえば「ベラルーシ専門の旅行会社」を旗揚げしたとします（ベラルーシは旧ソ連の東ヨーロッパの国。あくまで例です）。この原稿を書いている時点で、ネットで検索した限りでは「ベラルーシ専門の旅行会社」はヒットしませんでした。確かにファーストワンでオンリーワンです。でもお客さんが来るでしょうか？

もちろん日本には〝ベラルーシが大好き〟という方も一定の数はいらっしゃるでしょう。インターネットがあるので、かなりのニッチでも全国のお客さんから申し込まれる可能性はあります。しかし、それだけで商売が成り立つにはかなりの営業努力が必要だと思われます。ベラルーシの魅力はまだ多くの人には知られていないし、それを広めるには多少時間がかかるでしょう。もちろん、それでも広めたいという熱い志がある方にとっては、やってみる価値はあると言えます。

逆にレッドオーシャンだったということは、それだけ需要が多いということです。たとえば「イタリア専門の旅行会社」は結構な数がヒットします。でもそれだけ、イタリアは人気があるのです。

その場合、さらに絞り込むか、新しい付加価値をつけるかを考えてみることでオンリーワンになれる可能性があります。

たとえば、同じイタリアでもミラノ専門、トスカーナ専門、フィレンツェ専門、南イタリア専門などの地域や都市で絞り込む。

たとえば、パッケージツアー専門、個人旅行専門、列車の旅専門、高級ホテル専門、地元の小さな宿専門など、カテゴリーで絞り込む。

たとえば、ソムリエと行くワインツアー専門、写真家と行く撮影旅行専門という風に付加価値をつける。

他にも色々な方法があると思います。

東京都中野区に「風の旅行社」という旅行会社があります。創業は1991年。ネパール、チベット、モンゴル、ブータンの手配旅行に強い会社でしたが、並行して格安チケットや他のアジア地域のパッケージツアー等も販売していました。

しかし、96年には格安ツアーを、98年には格安航空券の販売を止めることを広告で宣言。リピーターに絞った販売に切り換えました。価格競争と決別し、「風の旅行社」しかできない旅をつくろうと決意したのです。

そうやって絞り込んだことで、お客さんからの支持が強くなり、「○○行くなら風の旅行社」という口コミがさらに広がっていきました。今では大阪支店もでき、繁盛しています。

石川県小松市に「トントンハウス」というパン屋があります。

工場に併設する店舗は、食パン、菓子パン、惣菜パンなど数十種類の商品が並んでいて普通のパン屋さんのように見えます。

この何の変哲もなさそうなパン屋に他県からも人が押し寄せ、中には大量にパンを買っていく人もいます。それでも店舗での売上の割合は少なく、ネット販売や保育園などからの直接購入の割合のほうが多いそうです。それらは冷凍で販売されています。

そこまでしてこの店でパンを買いたくなる理由はなんでしょうか？

実は、この店は「卵」「牛乳」「ナッツ」類を使わないパンの専門店なのです。買っているのはそれらのアレルギーを持つ子供がいる家庭や施設でした。

代表の井藤修さんは、もともと横浜の有名店で修業したのち、地元に戻ってパン屋をオープンさせました。都会風のおしゃれなパンを提供したら田舎だと売れるだろうという目論見はものの見事に外れ、当初はまったく売れず、大量に売れ残る日々が続きました。そんな中、「お客様がどんなパンを食べたいか」を追求し商品づくりに生かすようになります。

ある日、お客さんから「卵と乳製品を使っていないパンを作ってもらえないか?」というリクエストがありました。小学生の娘がアレルギーで困っているというのです。

そこで、恐る恐る卵と乳製品を使わないコッペパンを作って、食べてもらったら、女の子は「おいしい」と満面の笑みを浮かべました。

この出来事をきっかけに、アレルギーの子供でも食べられるパンというコンセプトが生まれました。卵や乳製品を使わずにおいしいパンを作るには試行錯誤の連続でしたが、やがて見た目は普通でも、食べるとビックリするくらいふわふわで、おいしいアレルギー対応のパンが作れるようになりました。

その後、卵・乳製品・ナッツ類を一切持ち込まないパン工場を作ることになり、アレルギー対応パン専門店になりました。

今では、全国から注文が入るようになり、売上は以前の何倍にもなりました。また毎日のようにお礼の手紙やメールが届くそうです。

トントンハウスは普通のパン屋から分野をぎゅっと絞ってアレルギー専門のパン屋になったことでオンリーワンとなり、圧倒的な「独自化」に成功しました。

BtoBでも、絞り込むことで「独自化」に成功した例を紹介しましょう。

大阪に本社がある老舗の製薬メーカー「マルホ」です。

マルホは、以前は薬の研究開発から販売までを手がける普通の中堅製薬メーカーでした。しかし、2002年、社長の高木幸一さんが社員を集め、12年のあるべき姿として「皮膚科学関連医薬品のブティック・カンパニーになる」という長期ビジョンを発表し、新薬の開発を止め、皮膚科の塗り薬に特化することを宣言しました。

新薬開発は膨大なコストがかかる上にリスクも大きく、このまま大手と争っていても勝ち目がないと判断したのです。皮膚科の外用薬の市場規模は約1000億円と言われ、医療品業界全体が7兆円という規模からすればニッチな市場で、大手は本格参入しにくい環境にありました。塗り薬は、大手が開発した錠剤などの成分をそのまま塗り薬に応用すればいいので、開発費を大幅に縮小することができました。

皮膚科外用薬に絞り込んだマルホは、業績を大幅に改善することができ、今や皮膚科外用薬の分野では誰もが知っている「スモールガリバー」になっています。


絞り込むのは勇気がいることです。

しかし、絞り込むことによって「他社と差別化できる」「専門家として敬意を示してもらえる」「価値のわかるお客さんが来てくれる」「自分の得意分野に焦点を当てることができる」などのメリットが得られます。

また、絞り込んだからといって、それ以外のお客さんを断る必要はありません。相手がこちらの価値を認めた上で、それ以外の仕事をお願いされ、あなたがやる価値があると認めたならば、やればいいのです。

絞り込みがうまくいっていれば、不思議なことに、「何でもやれます」と言っていた頃よりも、他の仕事も増えてくることが多くなります。逆に絞り込んだ結果、得意先やお客さんが減ったのであれば、絞り込んだ場所を間違えている可能性が高いと言えます。

さあ、勇気を持って絞り込みましょう。

②「見せ方・魅せ方」を変える

小さな会社やお店が「独自化のポイント」を見つけるには、メインで提供する商品やサービスが、オンリーワンであることが一番てっとり早くなります。

そのために有効な手段が「見せ方・魅せ方」を変えるということです。

「見せ方・魅せ方」とは、言い換えると「見た目」「意味づけ」「提供方法」「演出」などのことです。同じ商品であっても、これらが変わると、お客さんに与える印象や期待感は大きく変わりストーリーが生まれます。

第1幕で例に出した旭山動物園の「行動展示」も、動物という商品自体は変わっていないのに「見せ方・魅せ方」を変えることでオンリーワンの存在になりました。同じく「落ちないリンゴ」も、「受験生向けの縁起物」という「見せ方・魅せ方」にしたことで特別な商品になりました。

日本には数多くのスキー場がありますが、スキー人口の減少とともに、その多くは経営に苦しんでいます。そんな中、「見せ方・魅せ方」を変えたことで、復活をとげたスキー場があります。

それは北海道小樽市にある「スノークルーズオーンズ」です。

札幌からも小樽からも近く、石狩湾の絶景を望みながらスキーができるという好立地です。ただ規模が小さくて、リフトはたった2基しかなく滑り応えがありません。周辺は大規模スキー場が立ち並ぶ超激戦区です。利用者は減り続け、最盛期の半数になり、2012年に廃業が決まりました。

存続を希望するスキーファンによる署名活動が行われる中、スキー場再生で知られる「マックアース」（本社・兵庫県養父市）が経営権を取得、復活に乗り出すことになりました。

その結果、「見せ方・魅せ方」を変えることで他のスキー場と違う「独自化のポイント」を生み出すことに成功します。

それは「フィットネスジム感覚のスキーで健康増進を」というものです。

札幌、小樽の市街地から約30分で来られるという好立地を生かし、フィットネスジムに行く代わりに来てもらおうという狙いです。

併せて料金を思い切って値下げしました。今までの4カ月分のリフトシーズン券は6万円でしたが、ジムとしては高い価格です。そこで1カ月5000円として逆算し、約3万円のリフトシーズン券を販売しました。2分の1にする大胆な値下げでした。

そして「スポーツジムに行くより安い。健康のために是非」と訴えました。

他にも初心者コースの増設、無料送迎バスの増便、19歳のリフト券を無料にするキャンペーンを実施した結果、復活1年目で来場者数は前年の倍近くになりました。

リフト料金は下げましたが、色々な工夫で飲食店やレンタルの利用が増えたことで、売上は5割増となったのです。

また、翌夏からはゲレンデに約30万株のユリを植栽した「オーンズ春香山ゆり園」を開園し、スキー以外の入場者増に繋がっています。

広島市の繁華街・流川エリアにある「ビールスタンド重富」も、「見せ方・魅せ方」を変えることで、ここにしかないオンリーワンの店になりました。

「ビールスタンド重富」の営業時間は17時から19時のたった2時間。メニューはビールだけ。おつまみなし。立ち飲み。ひとり2杯まで。予約不可。

このような厳しいルールがあるにもかかわらず、開店前から長い行列ができ、途切れることはありません。30分待ちは当たり前です。しかも近隣だけでなく、北海道から沖縄まで日本全国各地からお客さんがやってきます。

ビールの中身が特別なわけではありません。どこでも売っている大手メーカーの樽生ビールです。

では何が他の店と違うのか？

それは注ぎ方です。

メニューには「壱度注ぎ」「弐度注ぎ（平成・昭和）」「参度注ぎ」「重富注ぎ」の4種類が載っています。注ぎ方によって大きく味が変わるので、お客さんはその体験を味わいに来ているのです。

昭和と平成は、サーバーの違いで、昭和サーバーは柔らかい泡、平成サーバーはもっちりとした泡を楽しめるとのこと。ちなみに表のメニューを楽しんでからしかオーダーできない裏メニューも4種類あります。

同じビールという商品であっても、「注ぎ方」という「見せ方・魅せ方」を変えるだけで、これほど独自化できるのです。

「ビールスタンド重富」は、戦前から続く「重富酒店」の一角で、三代目である重富寛さんが始めた店です。本業は近隣の飲食店に酒類を卸すことです。営業時間が短く食べ物を提供しないのは、お客さんにはここから他の店に流れ飲食を楽しんでほしいからです。

「うまいビールを注げば、お客様がたくさん集まる」という見本を示しつつ、地元・流川エリアの飲食店の活性化を第一に考えています。

自分たちではその「価値」に気付かず、お客さんが言ってくれたひと言によって、その商品の「魅せ方」に気付き、「独自化」が成功したケースもあります。

東京・新橋にある老舗和菓子屋「新正堂」の名物は「切腹最中」です。開いた皮から溢れ出るようなあんが特徴的です。１日数千個も売れるという大ヒット商品で、今では大手百貨店や羽田空港のお土産店にも置かれるようになっています。特にビジネスマンによく売れます。

しかし、この商品は、単に「見た目」を変えたから売れたわけではありません。

もともとは三代目店主の渡辺仁久さんの、日持ちするお菓子で新橋らしい名物をつくりたいという思いから生まれました。従来の最中をすべて見直し、3年かけて自信作が誕生しました。

「切腹」という物騒な名前がついているのは、店がある場所が「忠臣蔵」で有名な浅野内匠頭が切腹をしたお屋敷の跡であることから思いついたものです。

当初、このネーミングは家族から「縁起が悪い」と大反対されました。しかし、渡辺さんは、切腹というインパクトがある名前を諦めきれず、数年かけ家族を説得し販売にこぎつけます。

しかし、味には自信があるのに全く売れませんでした。

潮目が変わったのは、ある証券会社の支店長との会話がきっかけでした。

部下が客に数千万の損失を与えたことを謝りにいくときの手土産を探しているという支店長に、渡辺さんは、『『自分の腹は切れませんが、代わりにこちらのお菓子が腹を切っております』と謝ってみては？」と「切腹最中」を勧めました。

もちろんシャレのつもりだったのですが、その支店長は本気にして謝罪用の手土産に「切腹最中」を買っていきました。そして1週間後に再来店し「言われた通りに謝ったら笑って許してくれたよ」と報告してくれました。

さらにこのエピソードを聞きつけた新聞記者から取材があり、「兜町で大人気。謝罪用の手土産に切腹最中」という記事になりました。

ここから「謝罪用の手土産」という「新しい魅せ方」が誕生し、爆発的に売れるようになっていきます。本当の意味での「独自化のポイント」が見つかり、オンリーワンの存在になった瞬間でした。

あなたの会社やお店の商品も思い切って「見せ方・魅せ方」を変えてみましょう。「独自化のポイント」が見つかり、その商品をとっかかりにオンリーワンの存在になれるかもしれません。

③勝手に宣言する

オンリーワンになるアプローチの3番目は、ちょっと荒っぽいですが、とりあえず宣言してしまうという方法です。宣言してしまうことで、それが事実として一人歩きしていくことがあります。

宣言でわかりやすいのは、「日本一」「世界一」とアピールする方法です。うちにはそんなものないよ、と思われたかもしれません。ただ規模や売上が一番だということだけが「日本一」「世界一」ではありません。視点を変えれば、あなたの会社やお店にも宣言するような「日本一」「世界一」があるかもしれないのです。

神奈川県藤沢市にある「飯田牧場」のキャッチフレーズは、「日本一小さい牧場」です。

実際に行ってみると、10頭ばかりの牛が飼われている牛舎があるだけの、牧場とも言えないくらいの広さです。ここの売りは、ジェラートやソフトクリーム。かなり辺鄙な場所であるにもかかわらず、お客さんが口コミで次から次へとやってきて、駐車場はいつも順番待ちです。

牧場というと〝小さい〟はマイナスイメージですが、逆手に取ったことでオンリーワンの存在になっています。「自家製の原乳を使用した乳製品を直接生産している」という条件付きで、面積・飼育頭数共に日本で一番小さいことは確認しているとのことです。

味は確かに絶品ですが、この「日本一小さな牧場」というキャッチフレーズがなければ、ここまで口コミでは広がらなかったのではないでしょうか？

群馬県前橋市にある「るなぱあく」という遊園地は、1954年に開園した昭和レトロなミニ遊園地です。

年々入場者数は減っていましたが、開園当初からある国内最古級の電動木馬をウリに、「日本一懐かしい遊園地」というコンセプトをSNSで発信し続けたところ、その懐かしさがフォトジェニックだと話題になりました。多くの親子が訪れ自分たちのSNSに子供が木馬に乗っている写真をアップするようになったのです。

そこから人気が復活し、2016年には過去最高の約146万人の入場者数を記録しました。

09年、オーストラリア・クイーンズランド州観光公社は、「世界最高の仕事（The Best Job in the world）」というキャンペーンを仕掛けました。

このキャンペーンは、グレートバリアリーフに位置するハミルトン島で、住み込みの管理人を募集するというもの。島にある豪邸で半年間ほとんどを遊んで暮らして、報酬が15万オーストラリアドル（現在のレートで約1200万円）というもので、ネットで大きな話題になり、最終選考会が開かれたハミルトン島には世界中から数多くのメディアがかけつけました。

これも、「世界最高の仕事」という勝手に宣言したネーミングが成功の大きな要因であることは間違いないでしょう。

このように「日本一」「世界一」を発信することには効果がありますが、注意していただきたい点があります。

テレビ・新聞等の広告で「日本一」「世界一」などとうたうには、具体的で客観的な数字を示さないといけないという厳しい規定があります。

またマス広告以外でも、その表示を見たお客さんがその商品を実際よりも、著しく優良である・有利になると誤認する表示は、公正取引委員会により違法とみなされる可能性があるので注意してください。「日本一うまいラーメン」などはグレーゾーンで、店頭看板に表示するくらいでは許されても、大々的にチラシで訴求したりするのはおとがめがあるかもしれません。

どちらにしても、現実と大きく離れた表示は逆効果になるだけなのでやめておいた方がいいでしょう。

もちろん「日本一」「世界一」でなくても、「宣言」することで「独自化」することは可能です。

たとえば、千葉県北西部にある流山市は子育て世代に東京都内からの移住を募るポスターを、都内の主要駅などに掲示しています。

そのキャッチコピーは「母になるなら、流山市。」です。

流山市を「子育て世代が移住したくなるような街にする」という宣言です。

もともと、流山市は大きな企業や商業施設が少なく、住民の高齢化も進んでいました。また自治体としての知名度もほとんどありませんでした。そんな中、2003年に民間シンクタンク出身で市長になったのが井崎義治さんでした。

井崎市長は街全体に緑が多いという強みを生かし、「都心から一番近い森のまち」と、街のイメージを設定して、都心から移住者を呼び寄せるという戦略を立てました。

メインターゲットに「共働きの子育て世帯」を設定します。勤め先が東京都内であっても、子育てにいい環境を求めているはずだという思いがあったからです。

そんな思いをこめた宣言が「母になるなら、流山市。」なのです。

そして、認可保育所の定員数を思い切って増やしたり、主要駅に「送迎保育ステーション」を設置し朝の出勤がてら子供を駅の施設に預けることができるようにしたりと、共働きの若い夫婦にとって魅力的な施策を実施していきました。

こうしたわかりやすい「独自化」の結果、ここ数年で流山市の知名度は大きく上がり、数多くの子育て世代が流山市に移住しています。

以上、「独自化」でオンリーワンになるための3つのアプローチを見てきました。

それぞれのアプローチの方法は、独立したものとして考えるのではなく、リンクしあっているものと考えたほうがいいでしょう。

あなたもぜひ、自分の会社、お店、商品だけの「独自化」のストーリーを探してみてください。

10 タグをつけ、ラベルを貼って、はじめて独自化は完成します

「独自化」を完成させるためには、オンリーワンになることはもちろんですが、そこに「タグ」をつけることも大切です。

タグとは、本来は「荷札」「付箋」等の意味です。最近では、ブログの記事につけるキーワードの意味でも使われます。タグをつけておくと、検索にかかりやすくなるのです。

本書では、「○○といえば××」という風に、その会社、お店、商品などのオンリーワンの特徴をひと言で訴求できるキャッチーなキーワードのことを指します。

わかりやすい「タグ」があるかないかでは、伝わる速度が大きく違ってきます。

たとえば、第1幕で挙げた「リンゴ」の例で考えてみましょう。

「奇跡のリンゴ」は伝わりやすいタグです。しかし、これが「無農薬のリンゴ」「お

いしいリンゴ」ではどうでしょう？　たとえ同じ商品の特徴を表していたとしても、当たり前過ぎてわざわざ人に伝えようとは思わないですよね。

これはすべての商品やサービスにも共通して言えます。いくらオンリーワンでも、わかりやすいタグがないと、なかなか人に伝わっていきません。

今まで取り上げた例で言うと、旭山動物園「行動展示」、埜庵「天然氷」、みやじ豚「バーベキューマーケティング」、ハミルトン島の管理人「世界で最高の仕事」のようなものです。

これは人でもまったく同じです。「○○ならば××」というわかりやすいタグがあると、人に紹介してもらえる確率が上がるでしょう。

「タグ」は、キャッチフレーズやスローガンとも近いのですが、もっと端的でひと言で言えるようなものです。

「独自化」のストーリーは、オンリーワンの上にわかりやすいタグをつけ、ラベルを貼って、はじめて完成します。

11 「魅力的なエピソード」で「志」が説得力を持つ

3本目の矢は「エピソード」です。これは実際にあった「志を具体化した象徴的で魅力的なエピソード」であることが理想です。

私は企業の取材や「ストーリーブランディング」のお手伝いをするときに、「何か理念を象徴するようなお客さんとのエピソードがありますか?」とよく質問します。具体的なエピソードがあるかないかで、理念に対する納得感が大きく変わるからです。

たとえば、長野市にある「中央タクシー」の有名なエピソードを例に挙げましょう。

中央タクシーは1975年に創業した会社で、「お客様が先 利益は後」という経営理念を掲げています。ただ、正直この理念だけを読むと「キレイ事」のように感じてしまう人も多いでしょう。ところが、以下のエピソードを知ると、「なるほど、そういうことか」と納得できます。

98年の長野オリンピックのときのことです。地元長野には、観光客や報道陣がどっと押し寄せました。タクシー業界も空前の特需に沸いていました。報道各社は我先にと、タクシー会社に貸し切りの予約を入れます。中央タクシーもオリンピック期間中は予約で満杯になりました。会社としては稼ぎ時です。

そんなとき、ひとりの従業員が声を上げました。

「大会中、いつもうちのタクシーで病院に通っているあのおばあちゃんはどうすればいいんでしょう?」

その声をきっかけに、いつも使ってくれる市民の足を守らないでいいのかという議論になりました。「お客様が先　利益は後」という理念を掲げているのに、それでいいのかというわけです。

経営者は決断しました。「貸し切りの予約は断って通常通り運行する」と。

長野で貸し切りを断ったのは中央タクシー1社だけでした。大会期間中、同業他社は通常の3倍の売上を上げました。中央タクシーは他社には遠く及ばない売上しか出せませんでした。

しかし、オリンピックが終わると、観光客やメディアなどのお客さんは潮が引くように去っていきました。反対に中央タクシーは、以前は他社を使っていたお客さんまでが指名してくれるようになり、大会前より繁盛するようになりました。

このような「魅力的なエピソード」が一つでもあると、お客さんは中央タクシーの「志」に腹おちし、納得することができるのです。

もっとも、こうした「エピソード」を持っていない会社やお店のほうが多いでしょう。だとしたら日々のアイデアレベルの試みから始めましょう。リニューアル前の旭山動物園で言うと、「ワンポイントガイド」「もぐもぐタイム」「夜の動物園」「バックステージツアー」といったような部分です。これらを育てていけば「魅力的なエピソード」になります。また何年後かに起こればいいなと思う「未来のエピソード」を考えて、そこから逆算し、今何を始めればいいかを考えるのもいいでしょう。

「エピソード」は、「志」や「独自化」のストーリーとリンクすると大きな力になり、物語が立体化して効果を発揮します。「志」や「独自化」のストーリーは、いずれも抽象的な言葉になってしまうことが多いのですが、「エピソード」は具体的である必要があります。「志」が理念で、「独自化」が戦略とすると、「エピソード」は戦術と考えてください。

いくら「志」や「独自化」のストーリーがよくできていても、「エピソード」が乏しければ、魅力は十分に発揮できない可能性があります。

これら3つの階層の違う物語が「三本の矢」のようにしっかり同じ方向を向いていると、ちょっとやそっとでは折れない堅実な「物語」になります。会社の軸ができブレません。お客さん、従業員、地域にも、「何を目指す会社で」「どんな特徴があり」「日々どのような活動をしているのか」ということが、とてもわかりやすく伝わります。

12 未来の「魅力的なエピソード」をつくっていくための10のヒント

ここからは、日々のアイデアレベルの試みや、そこから未来の「魅力的なエピソード」を作っていくためのヒントを10挙げておきます。

あなたの会社やお店の「志」「独自化」のストーリーとリンクするものを選んで、未来に向けて種を植えていきましょう。

その1　マイナスをプラスに変える

普通に考えるとマイナスと思われるような部分にこそ、売れ続けるためのストーリーが潜んでいることが多々あります。先程紹介した飯田牧場もそうでした。普通ならば牧場と名乗っていいの?と思えるくらいの小ささを、「日本一小さな牧場」というキャッチフレーズでチャーミングな存在に見せることができました。

北極圏から北200キロに位置するスウェーデンの小さな村、ユッカスヤルビ。十数年前までは何もなく、冬は氷と雪に閉ざされ、寒くて暗いだけだったこの村が、今やスウェーデン一の観光地になっています。

観光客の目的はアイスホテル。その名の通り、全館まるごと氷でできています。毎年11月に着工し、4月には自然に溶けていくこのホテルは、オープン以来どんどん規模が大きくなり、その幻想的な部屋に泊まりたいという思いで、世界中から観光客が押し寄せるようになりました。

暗く寒い冬というマイナスを、最高の武器に変えたこの発想は、世界で最も成功した観光地のビジネスモデルとも言われています。

アイスホテルと同じように雪で覆われる寒い冬というマイナスを、プラスに変えた施設が日本にもあります。

北海道北見市留辺蘂町《るべしべちょう》にある「北の大地の水族館」です。

以前は、冬季は閉館していましたが、今では冬でも客足が途絶えません。

目当ては「世界初！　冬に凍る水槽」です。

「野外に水槽をつくると冬は水面が完全に凍ってしまう」という、水族館にとっては最大の弱点を逆手にとって、凍った水面の下で活動する魚たちの様子を観察できるようにしたのです。北海道の自然河川そのままに。

凍った水面の下で魚がどんな風に活動しているか興味をそそられます。観光客は「凍る水槽」見たさに真冬のその時期にわざわざやってくるのです。

「北の大地の水族館」は、マイナスをプラスに変えたことで、今や北見市の一大観光スポットとなりました。

福島県の「会津鉄道」は、廃止が決まっていた国鉄の路線を、第三セクターとして引き継いだ鉄道会社です。利用者は年々減少傾向だったことに加え、東日本大震災で大きな打撃を受けました。

そんな中、色々なアイデアで少しでもお客さんを増やそうとしています。

「お座トロ展望列車」もそのひとつ。窓ガラスを取り外し、会津の自然がたっぷり展望できる列車です。

ただひとつ問題がありました。山岳地帯を通るのでトンネルが多いことです。その間、景色は楽しめないし、暗闇と騒音を怖がる子供もいました。

そこでトンネルの中でも乗客に楽しんでもらえることができないかと考えたのが、暗闇の壁をスクリーンに見立て作品を上映するというアイデアでした。トンネルの間、車両の天井に取り付けたプロジェクターから両壁に子供たちが楽しめるショートアニメを上映することにしたのです。

題して「トンネルシアター」。

真っ暗でうるさいだけのトンネル区間が、どんなアニメーションを見ることができるかを楽しみにするという時間になりました。弱みを強みに変えたのです。

2013年から始めたこのサービスは好評で、これを目当てにやってくる観光客も増えました。

「工場夜景」という言葉を聞いたことがあるでしょうか？

ブームの先駆けとなったのは神奈川県川崎市の湾岸部にある京浜工場地帯。かつては公害の象徴であった湾岸部の工場地帯ですが、その機能美がマニアの間で話題になっていました。特に夜に見る工場はSF映画のようで幻想的ですらあります。

2000年代半ば頃からそのような工場地帯の夜の風景が「工場夜景」という言葉で呼ばれるようになります。

それを受けて川崎市では「工場夜景クルーズ」が実施され、その後、はとバスでもツアーが組まれ、なかなか予約が取れない人気コースになりました。

11年、川崎市で、北海道室蘭市、三重県四日市市、福岡県北九州市が加わり「第1回全国工場夜景サミット」が開かれました。18年現在では、山口県周南市、兵庫県尼崎市、静岡県富士市、千葉県千葉市、大阪府堺市、大阪府高石市、千葉県市原市が加わり、「日本11大夜景都市」として売り出そうとしています。

いずれの都市も、観光という意味では、ほとんど注目されていなかった街です。その中でもマイナスなイメージしかなかった湾岸工場地帯をプラスに変えることで観光資源にしたのです。

自分たちにとってはマイナスだとしか思っていなかったことが、他から見たらとても価値があるものだということは多々あります。

マイナスをプラスに。弱点や欠点を武器にしてみましょう。そこにストーリーは生まれます。

その2　体験を売る

あなたの会社やお店が提供している「商品」「サービス」そのものを売ろうとするのではなく、まずそこから得られる「体験」をしてもらう方が結果として商品が売れることはよくあります。


埼玉県所沢市に本社を置く、天体望遠鏡・双眼鏡、・顕微鏡などの光学機器メーカーの「ビクセン」。特に天体望遠鏡の国内シェアは高く世界的にも有名です。

ただ天体望遠鏡の市場は、ここ数十年ずっと縮小傾向でした。86年のハレー彗星接近以降、一般人の宇宙への興味が薄れ、天体ファンは中高年以上の男性に限られるようになっていたからです。大手光学メーカーもアマチュア天体望遠鏡の市場から相次いで撤退していました。

そんな中、ビクセンは自社商品を通して得られる体験を積極的に売っていくことで、新たな市場を獲得して売上を増やしています。

まず若い女性に狙いを定め、野外ライブに出店して双眼鏡で星空を見る体験をしてもらうようにしました。誘い文句は「昼はライブを 夜は星を見てみませんか？」というもの。天体には興味がないかもしれないけども、星空には絶対に興味を示すはずと考えたからです。

双眼鏡で天体観測？と思うかもしれませんが、月のクレーターなども見ることができ、肉眼とはまったく違う夜空を見ることができます。実際、ライブの後に、双眼鏡で夜空を見た若い女性たちの反応は、「双眼鏡でこんなキレイに星が見えるなんて思わなかった」ときわめてよかったのです。

そこで女性用に特化した双眼鏡を開発することにしました。持ちやすいコンパクトボディでカラフルな5色を揃えた「宙《そら》ガールシリーズ」の双眼鏡です。

星空ファイバークロス、使いこなしハンドブック、オリジナルMOON MAPなど、星空を身近にする付録、さらに、収納ポーチ、ストラップなどが付いて8000円弱という手頃な値段設定にしました。

この「宙ガールシリーズ」の双眼鏡は、業界の常識を覆すほどの驚異的な売上を記録し大ヒット商品になりました。「星空を見る」という感動体験をまずしてもらうと、営業トークをしなくても相手が自然に欲しくなるのです。そしてさらに星への興味が深まると、本格的な天体望遠鏡も欲しくなっていきます。

「天体望遠鏡を作る会社」から「星をみせる会社」に変貌をとげたビクセンには、色々な会社・自治体・団体からコラボの要請がひっきりなしにやってきます。未来がないと思われていた市場は、たった数年で宝の山が広がる市場へと変化したのです。

「体験を売る」手法のひとつに、バックステージ（裏側）を見せるというものがあります。動物園、水族館、劇場などのバックステージツアーは人気です。

神奈川県藤沢市にある「新江ノ島水族館」では毎年、子供または親子限定で夜の探検隊、「お泊りナイトツアー」を実施しています。10年以上続いているイベントで、普段見られない夜の水族館を体験できると大人気です。

普段見られない部分を見ることができるという体験はドキドキするし、特別感や優越感を覚えます。

これは他の業種でも応用できます。

飲食店ならば厨房や倉庫、製造業ならば工場や製造現場などを、お客さんに見てもらうのはどうでしょう？　お客さんからは普段見られない部分で、自分たちが商品やサービスにどのような「こだわり」を持ち「手間」をかけているかを知ってもらえるチャンスでもあります。

それを知ったお客さんは、きっとあなたの会社やお店のファンになるでしょう。

大手ハンバーガーチェーン「マクドナルド」では「マックアドベンチャー」という名前で、子供たちを厨房に案内する〝探検ツアー〟を長年続けています。

開店中が難しければ、前述の新江ノ島水族館のように、閉店後の夜に実施してもいいでしょう。

たとえば、デパートや書店などで、夜の探検隊を募集してみてはどうでしょう？

優良顧客を招待し、誰もいない空間を貸し切りでショッピングしてもらうのです。デパートは普通夜7～8時くらいで閉店してしまいます。閉店後のデパートに入ったことがある人は限られるでしょう。優越感とワクワク感によってけっこう買い物をしてくれるのではないでしょうか？

いや、うちは普通のオフィスだからという場合でも、工夫次第で可能です。お客さんに見せるのは無理という場合でも、たとえば社員の子供たちに会社見学ツアーを実施するというのはどうでしょう。お父さんがどんな場所で働いているのか知らない子供たちのほうが多いと思います。そんな子供たちにお父さんが普段働いている場所を見せるのです。職場のパパはカッコイイと思わせる仕掛けをつくれば、社員のモチベーションが上がるし、そこから色々なストーリーが生まれます。

物理的な裏側ではなく、ブログなどを使って、商品開発の裏側、会社の裏側、また業界の裏側などを見せるのでも、ストーリーを生み出せます。

「体験」を売りましょう。会社、店、商品の裏側を見せましょう。そこから「魅力的なエピソード」が生まれ、ストーリーになっていきます。

その3　営業時間帯を変える

普通ならば、その時間や季節にはやっていないだろう、と思われる時間帯に営業すると、「エピソード」が生まれることがあります。

台湾一の書店チェーン「誠品書店」は今や、本に限らずあらゆる生活用品を扱い、ホテル・マンションなどにも進出している企業グループです。

誕生したのは1989年。当初は建築やアート専門の書店で一般的にはなかなか受け入れられませんでした。しかし、信念を曲げず、1店舗ずつ地道に展開していく中で、徐々に一定の市場規模を獲得していきます。

潮目が変わってきたのが99年3月。台北市の敦南本店を24時間営業に切り換え、リニューアルしたことでした。

都心の24時間営業の書店というコンセプトが大反響を呼び、台湾の若者の支持を得ます。深夜のデートスポットになり、文化的ランドマークとなりました。そこから誠品書店の快進撃が始まりました。

営業時間の変更は、BtoBでも力を発揮します。

兵庫県伊丹市にある「TTNコーポレーション」は、昭和9（1920）年創業の老舗の畳屋さんです。しかし、畳の需要低迷で長期低落傾向でした。そんな中、社長の辻野秀人さんが決断したのが24時間営業でした。夜に畳を預かり、朝までに張り替え終えるというサービスです。これが大ヒット。売上は何倍にも伸びました。

畳は張り替えたいけれど、お店は休みたくないという飲食店の強いニーズがあったのです。

これは他の業種でもヒントになるのではないでしょうか？

逆に営業時間を短くして価値を上げることで、売れなかったモノが売れるようになる可能性もあります。

栃木県日光市の住宅地にある「食パン専門店 利《とし》」。

この店がオープンしているのは、土曜日の朝だけ。しかし、朝9時の開店前からお客さんの列ができ、100本以上の食パンが2時間たらずで完売してしまう人気です。近くだけでなく、関東一円から広くお客さんがやって来ます。

一番人気の「利の食パン」は一斤900円。「プレミアム食パン」は一斤1300円とずいぶん高価です。

もちろん、素材はすべて吟味し、卵も養鶏場まで行って仕入れるというこだわりぶり。週6日を仕入れや仕込みに費やしているため、週1日の営業が限界とのこと。もし、毎日販売していたらここまでの人気にはならなかったかもしれません。

常識だと思っている営業時間を疑ってみましょう。そこから「魅力的なエピソード」が生まれ、ストーリーになっていきます。

その4　お店を学校にする

ミリオンセラー『さおだけ屋はなぜ潰れないのか？』（山田真哉著、光文社新書）に、郊外のあまり流行っていなさそうなフレンチレストランが、実は料理教室で利益を生み出し、お客さんも集めているというビジネスモデルが紹介されていました。

これは何もフレンチレストランでなくても応用できます。

魚屋だったら、「おいしい魚の見分け方講座」「魚のさばき方教室」

喫茶店だったら、「自宅でもできるおいしいコーヒーの淹れ方」

書店だったら、「読書の楽しみ教えます会」

リフォーム会社だったら、「こうすればリフォームは成功する！講座」

司法書士事務所だったら、「身近な法律講座」

歯科医院だったら、「むし歯予防講座」


——などを教えればいいのです。


商店街やショッピングモールをまるごと学校にするという手法もあります。

2014年、当時、新潟・内野駅前にあった書店ツルハシブックスの店主西田卓司さんが地元大学生と共に実施した「うちのまち　なじみのお店　ものがたり」というプロジェクトは、まさにこの商店街をまるごと学校にするという取り組みでした。

「内野商店街になじみのお店をつくりたい！」と思った西田さんと大学生たちが、9

店舗の店主に講座をお願いして実施したものです。

店の業種は、「米屋」「美容院」「味噌醸造所」「カフェ」「自転車屋」「珈琲販売店」「海産物屋」などさまざま。講座の内容は、米屋であれば「お米の食べ比べ」、美容院であれば「頭皮にやさしいシャンプー講座」、海産物屋では「ダシの飲み比べ講座」、自転車屋では「30年乗れる整備の秘訣講座」など、その店ならではのうんちくが語られました。

そうやって商店街の店主のお話を聞くと、今まで入ったこともなかった小さなお店が、いかにいい商品を扱っていたり、受け継いできた技術を持っていたりするかがわかります。店主が丁寧な仕事をしていることが実感できます。要はその店の「ストーリー」を知ることができるのです。

「ストーリー」を知ると、その店のことを好きになりリスペクトする気持ちが生まれます。すると「この店で買いたい」と思うようになります。

これは小売りに限りません。BtoBの業態でも応用できます。

たとえば、広告会社ならば「無駄のない広告制作の発注の仕方」、印刷会社ならば

「集客効果のあるチラシのつくり方」などテーマを決めて講座を開き、クライアントを会社に招待するのはどうでしょう?

必ずしも、あなたが専門分野を教えるという方法を取らなくてもかまいません。自分の業種とは関係なくても、講師を他から招いてセミナーの主催者になったり、成功したお得意やお客さんを講師として招いたり、という手段もあります。

前述の広告会社や印刷会社の例で言うと、自社が手伝ったことで成功したクライアントを講師として招くのです。うまくいけば、先方も教えることで優越感を抱けますし、良好な関係を築きあげることができます。

さらに一歩踏み込んで、「知識」を教えるだけでなく、実際の開業を支援するということを事業にする方法もあります。

「おかやま工房」は、岡山市に2軒、大人気のベーカリーショップを経営しています。売上は岡山県トップクラス。社長の河上祐隆さんは「毎日食べても飽きないパン」を理想に掲げています。原料に国産小麦を用い、合成添加物は一切使用しません。

しかし、おかやま工房を有名にしたのは、店舗だけではなく「リエゾンプロジェクト」という「個性派小規模ベーカリー開業支援」事業でした。

未経験者でも、無添加パンの作り方などをわずか5日間の研修で学ぶことができます。その後、希望があれば開業までのアドバイス・サポート、開業後のアフターフォローもしてくれます。このシステムから全国に200店舗近くの店がオープンし、多くの店が繁盛しています。

サポートを受けても、フランチャイズ制ではないため、店名、営業時間、ユニフォーム等の縛りもなく自由度が高いのが特徴。これまで長期の修業が必要と思われていた業界では画期的なシステムです。

今では、おかやま工房の売上の約35％、利益の約80％が、パンそのものではなく「リエゾンプロジェクト」によるものだといいます。

あなたの会社やお店を教室にして何かを教えましょう。そこからエピソードやストーリーは生まれます。

自分ではたいしたことないと思っている知識でも、他の業界の人間から見ると感心することも多いのです。有料にして教室自体で利益を上げるのか、無料でもいいからお客さんになってもらうようにするのかは、あなたの会社やお店の「キャラ」や「志」によって変わってくるでしょう。

その5　コミュニティをつくる

前項の「お店を学校にする」に似ていますが、何も教えるということをしなくても、ただ人が集まる場を提供するだけでも、「魅力的なエピソード」が生まれ、ストーリーになっていく可能性が高まります。

東京都中野区に本社がある「柴田屋酒店」は、コミュニティをつくってきたことで、成長し注目されている会社です。柴田屋酒店の創業は戦前の1935年。社長の柴泰宏さんは創業者の孫で三代目にあたります。

柴さんが柴田屋酒店に入社した90年代半ばは、大資本によるディスカウント店ができはじめ、町の酒屋にとっては大逆風が吹き荒れていた時期です。一般生活者向けの酒屋では大手との競争に勝てない。そう考えた柴さんは、飲食店を対象にした業務用に特化するという、自分の会社が生き残る道を選びます。

しかし、業務用に特化したからといって簡単にうまくいくわけではありません。そこで、柴さんは、「酒屋として得意先の飲食店に提供できることは何か？」を考えました。得意先にアンケートをとってみた結果わかったことは、飲食店は他店の情報を欲しがっているということでした。自店の経営が忙しくて、他店を見に行くことができないのです。

そこで柴田さんは、２００３年から得意先の飲食店のために2つのことを実施しました。1つ目は『こだわり通信』という月刊のニュースペーパーを発行。これは、色々な飲食店のメニューやサービスなどを記事にしたものです。2つ目は「繁盛店勉強会」というコミュニティを結成したこと。こちらは繁盛店の紹介、講師を招いての勉強会、新商品の試飲会を実施しました。

この「繁盛店勉強会」は得意先の飲食店にとても好評で、どんどん参加者が増えていきました。やがて自社だけですべてを仕切るのは難しくなり、仲間を募り２００５年に「ＮＰＯ法人　繁盛店への道」へと発展していき、柴さんはその理事長を務めています。

「NPO法人　繁盛店への道」は、現在全国各地に支部を持つまでになり、飲食店の接客コンテスト、日本一のサーバーを決める「S1サーバーグランプリ」などのイベントは大いに盛り上がっています。

このような大きなコミュニティの中心にいる柴田屋酒店は、全国の飲食店から注目される特別な存在になりました。現在は海外事業にも力を入れるなど、さらに大きく発展しています。

ネット上でゆるく繋がるコミュニティを作っていくことでも、魅力的なエピソードをつくっていくことは可能です。

三重県桑名市にある会社が運営する園芸ガーデニング通販サイト「花ひろばオンライン」は、「花ひろば学園レモン部」というコミュニティを通じて、「みんなで一緒に植物を育てる楽しさ」を売っています。

レモン部は、同ショップからレモンの苗木を買った人が参加できる部活動です。レモンの苗木を自宅で育てて写真に撮り、お互いに報告しあうというのが主な活動です。これによって全国の知らない人同士が「レモンを育てる」という体験を通じて集い交流することができます。顧問には同社社長の高井尽《つくす》さんが就任して、観察するポイントや育て方をアドバイスします。

この活動をするようになって、「花ひろばオンライン」の売上は大きく伸びました。レモン部だけの売上はたいしたものでなくて、部員が他の商品を買ってくれたり、部員でなくてもこっそり活動に注目している人がいたり、メディアに取り上げられたりしたことでストーリーが生まれたことが要因だと考えられます。

「お客様とチームになりたい。お客様の物語をみんなで一緒に共有したくて、レモン部をはじめました」

高井さんが語る「レモン部を始めた動機」です。

コミュニティ作りで成功しているケースに共通しているポイントは、参加する側に「楽しい」「役に立つ」「みんなに認めてもらえる」などのメリットがあるということです。人は楽しいと思うと、向こうから勝手に集まってきます。

もし、あなたの会社やお店が新しくコミュニティを作ろうとするのであれば、顧客を囲い込むという発想は捨てましょう。参加者に「楽しさ」と「メリット」を提供することに徹するのです。最も大切なのは、「主催者がエゴをなくす」ということです。

次にお客さん同士をどんどん結びつけましょう。そうしていると自然と、あなたの会社や商品が人と人を繋ぐハブの役割を果たすようになります。

そうなれば、コミュニティは放っておいても、あなたの会社や商品を支援してくれるようになるのです。

その6　その場で比較して、試してもらおう

味覚でも触覚でもそうですが、比較してみて、初めてわかることがあります。たとえば、いくらこだわった素材や調理法の料理でも、それ単独で食べた場合、正直に言うと違いがよくわからない場合も多々あります。

そういったこだわりの素材や特別の料理法を使っている場合、あえて普通の素材を使った料理と食べ比べをさせることで、エピソードが生まれます。

たとえば、やきとり屋で考えると、

当店使用の○○地鶏vs.普通のブロイラー
紀州備長炭でじっくり焼いた○○vs.ガスコンロで普通に焼いた○○

——といった感じです。

手間はかかりますが、このように比較してもらうことで「なるほど違う」と心から納得してもらえます。また「やきとりを食べ比べる店があってさ」のように、口コミされやすいという利点もあります。

近年急成長中の回転寿司チェーンは、常時5種類の醤油（ポン酢も含む）を置いているのがウリです。ネタごとに醤油を試すことができるので、ちょっと得した気持ちになります。寿司本来のネタで差別化するのは難しいですが、このような比較的お金がかからない部分に選択肢を用意するのもいいアイデアです。

これはBtoBでも同じことが言えます。商談などでは、自社製品に加え、比較対象になる他社製品も持っていって、比較してもらいましょう。

また、人間には色々なものを試してみたいという欲求があります。通販化粧品などでよくやっているような「無料お試しセット」を、飲食業とかサービスに応用してみましょう。

居酒屋やダイニングバーなどで、お通しの代わりに、無料で「当店自慢のお料理お試しセット」を出したら、結果として客単価も上がるのではないでしょうか？　お酒の銘柄でも、それぞれ一口ずつ飲めるお試しセットなんかいいですね。

旅館・ホテルなどでは、その部屋が空いていれば、ほんの10分程度でもいいので、違うタイプのお部屋（よりデラックスな）を体験できるというサービスはどうでしょう？「次回はこの部屋に泊まってみたいね」ということでリピートに繋がっていく可能性があります。

比較してもらいましょう。色々と試してもらいましょう。そこからストーリーは生まれます。

その7　エンターテインメント性で売る

日常のちょっとしたことにエンターテインメント性を加えることで、ストーリーが生まれることはよくあります。

第2幕でご紹介した面白法人カヤックは、エンターテインメント性あふれるオフィスや社則で、ブランディングされていました。

アメリカ・ダラスにある「トレール・ダスト・ステーキハウス」のキャッチフレーズは〝ネクタイを外して、おいしいステーキとカントリーミュージックを楽しもう〟です。ですから、お客さんがネクタイをしていると、ウエイトレスがやって来て、ネクタイをいきなり切ってしまいます。お店の壁にはたくさんの切られたネクタイと名刺が張り付けられています。

といっても、この店にいくとネクタイを切られることは有名です。ネクタイを切ってもらいたいがために、わざと切られてもいいネクタイをしてくる人が多いのです。このパフォーマンスがあるために、この店は、ダラスで一番有名なステーキハウスになっています。

レストランのメニュー選びにエンターテインメント性を加えることで、大きな話題になった事例があります。それが2017年8月、兵庫県・丹波篠山「西紀サービスエリア下り線」のレストランで実施された「ガチャめし」です。

ガチャガチャを回し、出てきたカプセルトイで注文を決めるというシステムです。1回500円。メニューはうどんや定食など20種類。何が当たったかは、実際に料理を受けとるときでないとわかりません。ただし最低でも600円以上のメニューになるのでお客さんは、金額的に損しない仕組みです。

一番高額なのは2100円の「但馬牛づくしセット」で、出る確率は3%とのこと。

もともと、夏休みの混雑時の対策会議の中でこの企画は生まれました。「券売機の前でメニューを悩むお客さんが多い」という問題を話し合っているとき、ある社員が「昼ごはんなんて、実は何でもいいんだよね」と発言したことがきっかけです。確かにサービスエリアで、絶対これを食べたいと思って寄る人は少ないかもしれません。

そこで「何を食べたいか決まっていない」「実は何でもいい」というお客さんに対して、ガチャガチャでメニューを決めてあげたら、早く決まってストレスが減るし、店も回転率があがるので助かるというアイデアを思いついたのです。

それが結果として、メニュー選びにエンターテインメント性を持たせることになり、SNSなどで大きな話題になりました。「ガチャめし」を目当てにサービスエリアに立ち寄る家族連れも多く、回転率が上がるだけでなく「売上が増える」という嬉しい誤算も生まれました。

大当たりが出て鐘が鳴ると、レストラン中が拍手で包まれるという心温まるシーンもあったとか。

サービスエリアのレストランにかかわらず、商品を選ぶとき、何かエンターテインメント性を持たせることは色々な店で応用できそうです。

というのも、今の時代、多くの人が日常生活で色々と決めなければいけないことの多さに疲れているからです。勝手に買うべき商品を決めてくれるのは助かるし、そこに当たりのようなエンターテインメントの要素があれば、盛り上がります。

飲食店はもちろん、物販をするお店でも応用できるでしょう。たとえば、書店には本が多すぎて読みたいものを探せない、という声をよく聞きます。何か勝手に選んでくれて、それ自体がおもしろいシステムであれば喜ぶ人も多いのではないでしょうか？

エンターテインメント性で売るときに気をつけてほしいのは、あくまでスパイスとして加えるようにすることが大切ということ。エンターテインメント性だけを前面に押し出したテーマパーク的なレストランなどで長く繁盛した例は少ないからです。

その8　あえて売らない

あえて売ろうとしないことからも「魅力的なエピソード」が生まれ、ストーリーになっていくことがあります。

高知市の郊外に「ネッツトヨタ南国」というカーディーラーがあります。広々としたウッドフロア風の建物の中にはクルマが1台も置かれていません。カーディーラーにもかかわらずです。クルマが置いてあると、「買ってください」という無言の圧力になるからという理由です。

このお店には、無料の20種類近くのドリンクがあります。また、誰でも立ち寄れる格安のモーニングサービスも実施しています。いずれも気軽にお店に寄ってもらうための工夫です。他にも、キッズコーナーにはおもちゃを置かない（代わりに社員が一緒に遊ぶ）、48時間試乗会など業界の常識を破るようなサービスがいっぱいです。しかも、このお店の営業担当にはノルマがありません。

にもかかわらず、来店者数は毎年増加し、トヨタの顧客満足度調査トップを維持しているカーディーラーなのです。

あえて売らないことで、売れ続けるシステムをつくっていると言えます。

売ろう、売ろうとしすぎていませんか？　あえて売らない手法を考えてみましょう。

その9　社長をブランディングしよう

社長や店主は会社の顔です。特に小さな会社やお店では、社長＝会社、店主＝店、となることも珍しくありません。社長の名前が売れブランディングされると、「志」や「独自化」のストーリーを語りやすくなり、会社のPRにも大きなメリットがあります。

東京都墨田区にある「久米繊維工業」は、１９３５年創業の国産Tシャツの老舗メーカーですが、その三代目社長の久米信行さんは、その好例です。

元々はサラリーマンだった久米さんが会社を継いだのは94年。まだネット黎明期であったにもかかわらず、ウェブでTシャツ販売を始め、事業の柱に育て上げました。その成果で、日経インターネットアワード賞を受賞。同時にメルマガやブログなどで、さまざまな発信を続けることで注目を集めるようになりました。

やがて本を出版し、大学の講師も務めるようになりました。そうなると、色々なメディアから取材されることが多くなり、会社や商品の「志」を熱く語ることができるようになります。２００８年には著書『考えすぎて動けない人のための「すぐやる！」技術』（日本実業出版社）が10万部超のベストセラーになり、久米さんはさらにメディアに露出する機会が増えています。

このように、社長がメディアに露出することや、出版することなどでブランディングされ、結果として会社自身の業績が上がることはよくあります。

ただし、気をつけなければならないのは、ブランド化されたのはいいけれど、それが実像とかけ離れていては、逆効果になってしまうということです。本やインタビューでは立派なことを言っているのに、実際に会ってみると、正反対の言動をとっていたのでは逆効果にしかなりません。

その10 期待値を上回る

人は何かしら商品を買ったり、サービスを受けるとき、無意識のうちに「だいたいこんなものかな」という期待値を設定するものです。

期待値どおりであれば、満足します。

しかし、満足したからといって、何か特別な感情が湧くわけではありません。満足した気持ちなんてすぐに忘れてしまい、リピーターになってはくれないのです。

人の心が動くのは、商品やサービスが、期待値よりも上回ったり下回ったりしたときです。期待値を下回れば不満に思い、期待値よりはるかに低ければクレームをつけたくなります。

期待値よりも上回ったときには、特別な感情が湧きます。

ベタな言葉を使うと「感動する」のです。

だからと言って、期待値より高すぎると、お客さんは逆に警戒します。

ほんの少し、わずかなことでいいので、期待していないことが起こると、心が動いて特別な感情が湧き、その会社や店のファンになってくれる可能性が高まるのです。

ほんのちょっとしたことでいいのです。

得したなと思えることを、特に多くの人が期待していない部分で実行すると、それだけで「エピソード」が生まれます。

以上、日々のアイデアレベルの試みや、そこから未来の「魅力的なエピソード」を作っていくためのヒントを10紹介しました。

「志」や「独自化」のストーリーが自分の中にあるものを発見するという要素が強かったのに対して、「エピソード」は、意識してつくっていく、というものもありました。

ただ、「エピソード」はあくまで戦術です。

「志」や「独自化」のストーリーと矛盾していないことが大切です。

たとえ、これはいいアイデアだなぁと思ったとしても、「志」「独自化」のストーリーと違う方向では採用しないほうがいい。短期的にいい結果が得られたとしても、売れ続けることは難しいからです。「志」「独自化」「エピソード」の三本の矢は互いにリンクし合ってはじめて、相乗効果を上げていくものです。

本書の前段階的な位置づけになる『ずっと売れる！ストーリー』（日経ビジネス人文庫）においても、エピソードの「ストーリー」のアイデアを見つけるためのヒントを以下の10挙げました。興味があればご参照ください。

1 正直になる・誠実である
2 オープンである
3 お客さんがストーリーに参加できる余地を残す
4 約束以上のことをする
5 既存市場を敵にまわす
6 商品そのものを売らない
7 精神的な満足を売る
8 希少性をつくる
9 自分が欲しい商品を売る
10 ぶっちゃける

13 語り続けましょう。変わり続けましょう。

ストーリーは、色々な機会に語り続けましょう。
会社案内、広告、名刺、封筒、チラシ、ブログ、メルマガ、ニュースレター、POP、媒体は問いません。語り続けることではじめて、売れ続ける下地ができてくるのです。

また、新しい試みを始めるときなどは、メディアにプレスシートを送りましょう。その場合も、その試みが「志」や「独自化」のストーリーとリンクしたものであることを、しっかり示しましょう。

そしてもうひとつ大切なことは、ストーリーは常に変化していかなければならないということです。同じストーリーでは、危険だとさえ言えます。

これは一見、「ブレない」という言葉と矛盾しているようですが、そうではありません。会社が小さいときと大きくなったときとでは、やりたいことや欲望も変わってくるわけで、「志」も変化しているかもしれません。「独自化」や「エピソード」レベルのストーリーは当然変わるでしょう。

そして何より「時代の空気」が必ず変わるのです。

第1幕の最初でお話しした、島田紳助さんのXとYの法則を思い出してください。長く売れ続けている人は必ず、X（＝自分の強み）を軌道修正してY（＝時代の空気）に合わせ続けていました。

どんなに共感を呼ぶ「志」や、画期的だった「独自化」も、おもしろいねと言われていた「エピソード」も、時代の空気と合わなかったら色あせてしまうことは多々あります。

それは時代に迎合して、商売のやり方をコロコロと変えろという意味ではありません。ブレない「志」はちゃんと持ちながら、できるだけ客観的な目で、自分の強みと時代をすり合わせてみて常に確認し続けることが大切だということです。

ストーリーブランディングは、今日から急に売れだすといった魔法の販促方法ではありません。売れ続けることで、3年、5年、10年、20年と事業を継続させていくための方法論です。まずは最初の第一歩を踏み出し、小さな積み重ねを続けていくことで、1年後のあなたの会社やお店は大きく変わるのです。

まずは本書の中で、あなたができそうな部分から実践してみてください。理想を言うと「三本の矢」がリンクし合って発展していくのが最も望ましいです。しかし、たとえ「エピソード」を生むための戦術の一部を取り入れるだけでも、何もしないよりは、はるかにいい結果を生むでしょう。

たとえ一日の変化は小さくても、積み重ねていけば大きな差になります。

発行部数日本一のメールマガジン『平成進化論』の発行者の鮒谷周史さんが、著書『仕事は、かけ算。』（かんき出版）の中で、次のような例を挙げています。毎日のほんのちょっとした積み重ねで、大きな差がつくという例として最適なので、要約して引用させていただきますね。

毎日、たった0・1％（1000分の1）だけ自分が進化（成長）したとしても、それを365日続けると、複利計算で最初の1・440倍になります。つまり、1年前の自分よりも、50％近く能力がアップしたことになるのです。さらにそれを5年続けると6・197倍。10年で38・404倍。20年続けると何と1474・903倍とすさまじい差になるのです。つまり「継続して力を蓄えている人は、あるところで爆発的に結果がでる瞬間がある」ということなのです。しかし多くの人は、その瞬間まで待てずに途中で諦めてしまう。

小さな積み重ねが大切なことは、スポーツをやられている方は身をもって実感されていると思います。あのイチロー選手にも「小さいことを積み重ねていくことが、とんでもないところに行くたったひとつの道だ」という名言があります。

第1幕で紹介した旭山動物園もそうでした。最初はお金がなくて、本当にやりたいことはできなかったとしても、「志」に合わせてやれることからやる（＝「魅力的なエピソード」を見つけ実践していく）ことで、10年後には大きな変貌をとげたのです。

さあ、勇気を出して、最初の一歩を踏み出しましょう。

第3幕のまとめ

- □「志」は、小さな会社やお店の最大の武器
- □「志」は、「強み」×「社会的意義」で考えよう
- □チャレンジし続けることで「志のストーリー」は生まれる
- □「独自化」はオンリーワンになること
- □オンリーワンになるために
  - ●ギュッと絞り込む
  - ●「見せ方、魅せ方」を変える
  - ●勝手に宣言する

□「魅力的なエピソード」のための10のヒント

その1　マイナスをプラスに変える
その2　体験を売る
その3　営業時間帯を変える
その4　お店を学校にする
その5　コミュニティをつくる
その6　その場で比較して、試してもらおう
その7　エンターテインメント性で売る
その8　あえて売らない
その9　社長をブランディングしよう
その10　期待値を上回る

付録

あなたのお店・会社・商品、またはあなた自身の「志」「川上コピー」を発見するためのワークシート。

ノートや紙を用意してSTEPに沿って書き出してみてください。

STEP1

「あなた自身が仕事やビジネスで実現させたい願望、手に入れたいモノ」を書き出してください。
※キレイ事ではなく、本音ベースで金銭欲や物欲などを正直に書き出すのがポイントです。

STEP2

「あなた自身が仕事やビジネス上でやりたくないこと」を書き出します。
※キレイ事ではなく、本音ベースで書き出すのがポイントです。

STEP3

「あなたの会社やお店や商品（もしくはあなた自身）の強み」を徹底的に書き出してください。

STEP4

「あなたの会社やお店や商品（もしくはあなた自身）の弱み」を徹底的に書き出してください。

※この2のステップは、自分だけで考えず、まわりの人たちに取材してみるのもいいかもしれません。自分では弱みと考えていたことが、まわりから見ると強みであることも往々にしてあります。

STEP5

STEP1〜4の4つの要素をすり合わせながら、

「あなたの会社・お店・商品（あなた自身）の強み（弱み）」×「社会的意義」
＝「自分の願望やエゴ」

の式が満たせる「社会的意義」を考えましょう。

※ここがいちばん難しいポイントです。簡単に答えは出ないかもしれません。場合によっては数カ月、数年かかる作業になることもあるかもしれませんが、仮でもいいので、いまの答えを出してみましょう。

STEP6

STEP5によってもたらされる、自分の願望やエゴ以外の「何か社会に役立つこと」を見つけ出しましょう。次の式が満たせるように考えてみます。

「あなたの会社・お店・商品（あなた自身）の強み」×「社会的意義」
＝「自分の願望やエゴ」＋「何か社会に役立つこと」

■STEP7

STEP6の式から、「自分の願望やエゴ」をひとまず取り去ってください。式にすると、次のようになります。

「あなたの会社・お店・商品（あなた自身）の強み」×「社会的意義」
＝「何か社会に役立つこと」

これを文章化してみましょう。それがあなたの会社やお店の「志」の原型です。

■STEP8

「志」をベースに、それを外部に向けたひと言で言い表せるようにキャッチコピー化（川上コピー）しましょう。

■STEP9

「志」や「川上コピー」が書かれた大きな旗がはためいている風景をイメージします。

その旗は、どこかで見たようなものではないですか？
その旗は、手垢にまみれた言葉が使われていませんか？
その旗は、他人からの共感を得ることができると思いますか？
無理かもと思ったら、最初からやり直しましょう。

本書は、２００９年６月にクロスメディア・パブリッシングから発行した『価格、品質、広告で勝負していたら、お金がいくらあっても足りませんよ』を文庫化にあたって加筆、改題したものです。

nbb
日経ビジネス人文庫

売《う》らない売《う》り方《かた》

2019年3月1日 第1刷発行

著者
川上徹也
かわかみ・てつや

発行者
金子 豊

発行所
日本経済新聞出版社
東京都千代田区大手町1-3-7 〒100-8066
電話(03)3270-0251(代) https://www.nikkeibook.com/

ブックデザイン
藤田美咲

本文DTP
マーリンクレイン

印刷・製本
中央精版印刷

Printed in Japan ISBN978-4-532-19890-9